中国旅游碳排放与旅游经济发展研究

何彪 ◎ 著

中国旅游出版社

前　言

　　碳排放在复杂纷繁的国际政治、国际经济和生态环境问题中一直备受关注。为了缓解环境恶化问题，保护人类的生存环境，全球主要经济体应当积极行动起来。我国作为世界第二大经济体和负责任的大国，积极布局，提出碳达峰和碳中和，参与国际碳减排。因此，在全球绿色低碳发展潮流下，通过节能减排应对气候变化一直是包括旅游业在内的很多行业的长期挑战。旅游业已不再被视为一个"无烟工业"，随着旅游业结构的变化，旅游业的碳排放也在增加。在可持续发展的背景下，减少旅游业的碳排放量和保持旅游经济增长是旅游业发展面临的重要问题。因此本研究通过探讨旅游碳排放和旅游经济发展之间的关系，构建可用于旅游碳排放估算的测度方法，对其碳减排机制和低碳旅游发展路径提出相应的建议与发展对策。

　　本研究回顾了碳排放与经济的增长、旅游碳排放、旅游碳排放与旅游经济发展的关系及旅游碳排放的影响因素等相关的文献。首先，通过梳理旅游碳排放等相关概念，选取除港、澳、台以及西藏之外的全国其他30个省（直辖市、自治区）为研究对象，选取2000—2016年旅游碳排放相关指标数据，以及旅游增加值、总收入、旅游收入、接待旅游者人数等作为研究数据。其次，目前针对旅游碳排放测度常用的方法有自上而下测度法以及自下而上测度法，或者两种方法结合，即结合不同的旅游碳排放区域灵活运用。最后，针对旅游碳排放的影响因素，中国旅游经济规模和旅游经济结构对旅游碳排放影响的研究相对缺乏系统性，尚没有统一的界定，故而将其作为本研究的创新点展开研究。

　　本研究首先运用自下而上法进行初步测算，测算了中国旅游业多年的二氧化碳排放量，并且从时间和空间两个角度分析了2000—2016年中国30个省级行政区域旅游碳排放总量和强度的演化过程，一定程度上揭示了我国旅游碳排放总量和强度在时间和空间上的变化规律，从而为进一步深入研究中国旅游碳排放与旅游经济发展之间的关系打下了基础。其次，采用Tapio脱钩模型，进而计算旅游碳排放量与旅游经济规模的相关关系。根据模型检验结果，我国旅游碳排放与旅游经济增长脱钩状态主要呈现为弱脱钩、增长连接，即旅游碳排放量与旅游收入均增加，但前者增长速度低于后者，以及旅游碳排放量与旅游收入同幅增长，两者处于未脱钩形态。这表明，中国旅游业蓬勃发展的同时，旅游碳排放仍是影响旅游经济高质量发展的重要因素。再次，主要依托EKC假说等理论，运用逐步回归分析方法，结合经济学和统计学相关知识来确定符合中国旅游经济发展的影响因素模型，选取2000—2016年中国省域旅游业相关数据作为核算对象，进行计量分析。具体分析旅游业专业化水平、旅游业产业结构以及经济发展水平、环境规制水平、城镇化水平等多种因素对旅游碳排放的影响，探讨了旅游经济发展结构与碳排放之间的关系。最后，基于目的地经济异质性、政策异质性、生态异质性等多维视角，通过构建面板门槛回归模型，揭示了旅游业专业化水平、旅游业产业结构对目的地旅游碳排放强度影响的非线性特征。

基于上述多方面的研究，最终得到了以下结论：（1）根据中国旅游碳排放测度估算结果，总体来看，全国旅游活动碳排放占旅游碳排放的比例平均为4.0%，最高为2016年的6.7%，最低为2006年的3.0%，总体上呈现逐渐上升的趋势，主要原因为碳排放量高的旅游活动逐渐增加。其中，旅游交通一直是旅游碳排放的主要来源。（2）根据旅游碳排放省域尺度下的分析结果，从本研究的30个区域来看，2000—2016年各地区旅游业的平均碳排放也呈现不同的变化趋势，整体碳排放增长率处于下降趋势。其中，湖南省总平均碳排放量全国排名最高，超过了700万吨；其次是上海和浙江等地，也达到了500万吨以上的排放量；平均碳排放量较低的地区为甘肃、海南、青海、宁夏等地，尚未超过100万吨，可根据碳排放量，将30个省（直辖市、自治区）分为高、中、低三个值区。（3）中国旅游碳排放与旅游经济规模主要以弱脱钩和增长连接状态为主。运用Tapio脱钩模型计算，我国旅游碳排放脱钩弹性指标基本上处于较平稳的状态。2005—2016年，我国旅游碳排放与旅游经济增长之间的脱钩关系主要以弱脱钩和增长连接为主，即主要表现为旅游经济在保持正向和快速增长的同时，旅游碳排放也呈现出正向快速增长的态势，但是旅游经济增长速度要明显快于旅游业碳排放增长的速度。（4）中国旅游经济结构与旅游碳排放相关关系存在差异。旅游业专业化水平和旅游碳排放强度显现为负值相关性，即随着旅游业专业化水平的不断增强，旅游碳排放强度不断减弱。旅游业产业结构对旅游碳排放的影响作用并不显著，其影响效果有待进一步的研究判定。（5）中国旅游经济结构与旅游碳排放存在非线性关系，旅游经济发展水平异质性产生的门槛效应，旅游业专业化水平和旅游业高级化水平对旅游碳排放强度的影响具有显著非线性特征；环境规制水平异质性产生的门槛效应，旅游业专业化水平和旅游业高级化水平对旅游碳排放强度具有门槛特征；生态禀赋水平异质性产生的门槛效应，旅游业专业化水平和旅游业高级化水平对旅游碳排放强度具有门槛特征。

综上所述，本研究从两个方面验证了中国旅游碳排放和旅游经济发展之间的关系，提出了促进旅游业经济高质量发展的政策及相关启示。主要包括：推动旅游业科技进步，创新低碳技术；引导全社会提高低碳意识，发展低碳旅游消费；实施低碳旅游管理手段，提升旅游行业低碳管理水平。以期减少旅游碳排放、提升旅游业经济收入，促进旅游业高质量发展。

由于编者水平有限，书中难免存在疏漏之处，还请各位读者批评指正。

何彪

2023 年 1 月

目　录

第一章　绪论

第一节　研究背景与意义

一、研究背景

（一）旅游业发展面临紧迫的碳减排压力

碳排放在纷繁复杂的国际政治、经济和环境问题中一直备受关注。世界旅游组织（UNWTO）作为旅游行业的领导性组织对于行业发展带来的环境问题也格外的重视，联合国政府间气候变化专门委员会（IPCC）作为专门的机构其主要任务是关注环境气候变化，在以上两个机构与联合国环境规划署（UNEP）以及世界气象组织（WMO）等相关机构联合倡导和组织下，为了环境气候的良好发展以及未来旅游行业的高质量发展，先后在 2003 年、2007 年举行了大会，重点讨论在气候变化的大背景下，旅游业应如何科学发展。2008 年，UNWTO 通过对全球旅游业与环境气候变化发展现状的调研和评估，分析其存在的问题以及未来的发展走向，推出了《气候变化与旅游：应对全球性的挑战》报告，并且为了推动旅游业健康发展，适应气候变化的国际大背景，将相关科学可行的措施编制成册《旅游业对气候变化的适应与缓解：框架、工具与实践》，为旅游业高质量发展提供参考。为了进一步推动旅游业绿色健康发展，2019 年世界经济论坛在"气候变化世界商业峰会"就《迈向低碳旅游业》报告给出了相关解读，提倡旅游业应相应地减少温室气体的排放。随着全世界经济的发展，为了人类文明的更长久的延续，2015 年，联合国大会第 70 届会议上提出并通过《2030 年可持续发展议程》，并就地球的可持续发展达成共识。联合国于同年 11 月在法国巴黎举办《气候变化框架公约》第 21 次会议，大会中有 200 个缔约方形成共识，共同签署《巴黎协议》，它为 2020 年之后全球应如何应对气候的变化做出了相应的安排，开始了新一轮缓解温室效应影响的全球行动，全球主要经济体投身于绿色低碳的转型大潮。2020 年 9 月，在第 75 届联合国大会上，中国代表强调，在全球绿色低碳目标的实现过程中，必须采取积极的政策和措施，为低碳发展提供政策和制度保障，同时，必须加强人力、物力、财力等的投入力度，争取在 2030 年促使二氧化碳达到峰值，从而实现 2060 年年底的碳中和目标，为全球绿色低碳发展贡献我国的一份力量。与此同时，为了实现优化产业结构和能源结构的目标，促使产业结构和能源结构转型升级，也为了推进人类文明的可持续发展和人类命运共同体的构建，"碳达峰"和"碳中和"两个目标的实现也将被纳入我国经济发展的五年计划中，同时将这两个目标列为我国"十四五"污染防治攻坚战的重要方向之一，从而助力我国打赢"十四五"期间的污染防治攻坚战。2020 年 1 月 8 日，在世界旅游城市联合会（WTCF）的支撑下，与中国社会科学院旅游研究中心共同合作，通过数位权威专家和学者的共同努力，对全世界旅游发展现状进行调研评估，发布了《世界旅游经济趋势报告（2020）》，随着经济的蓬勃发展，人均 GDP 大幅提升，全世界旅游人数极大地增加，2019 年达到了 123.10 亿人次。旅游业的蓬勃发展，为全世界增加了经济收入，全球总收入达到了 5.8 万亿美元，在全球经济发展中越来越受到重视，占全球 GDP 的 6.7%，具有极大的发展潜力，旅游产业在世界产业结构中具有不可或缺的地位。

然而旅游业发展是十分迅猛的，对环境和资源的消耗也随之加剧，这将极大地影响地球环境污染和气候恶化的进度。国际地理联合会（IGU）旅游地理与休憩和全球变化委员会一直关注旅游业可持续发展，于 2007 年召集相关的专家在芬兰举办学术研讨会，为旅游业走向低碳减排建言献策；并且持续关注行业的发展，并于 2012 年在中国南京再次召开会议，探讨环境和气候与旅游业之间的影响和关系。2018 年，UNWTO 为进一步探讨气候与旅游发展之间的关系，举办了第二届气候变化和旅游国际大会，并在大会上指出，旅游产业排放的二氧化碳占全球总排放量的 4%~6%，并且预估在未来 30 年内旅游业的这个数值可能将会增长 1.5 倍，行业所产生的碳排放大幅增长，随之而来的环境问题将异常严重，这也将严重影响人民的生活，因此必须得到大众的广泛关注。在此背景下，环境问题的增加会严重影响对人类文明和旅游行业的可持续发展，因此关注旅游业发展对气候变化、能源安全带来的影响，以及探讨三者之间的关系，是目前学者亟须关注的重点问题。在 2003 年和 2007 年两个时间点上，UNWTO（World Tourism Organization）、UNEP（United Nations Environment Programme）和 WMO（World Meteorological Organization）等多个组织共同召开了两届"气候变化与旅游"国际会议，会议中各组织代表针对气候变化与旅游业发展的相互影响进行了深入探讨，并且就旅游业如何适应气候变化提供了一些对策建议。在会议之后，UNWTO、UNEP 和 WMO 三个国际组织共同形成了相应的报告，报告中明确强调了旅游业发展过程中产生的温室气体排放是全球温室气体排放总量的主要来源之一，据研究可知，所占比例达 4%~6%，进一步说明了旅游业对于全球气候的显著影响。在此现状之下，如果在未来各国不对旅游业发展采取相应的节能减排措施和对策，旅游业产生的温室气体将会在未来 30 年内呈现出持续增长的趋势，极有可能在 2035 年达到目前的 1.5 倍，将会对全球气候产生更大的影响。

当前在经济快速发展的背景下，我国二氧化碳排放量已位居世界第一，因此我国应承担越来越多的降低排放量责任，我国所要面临的碳减排压力也就越来越大。为使我国社会经济转型升级，实现高质量发展，必须采取措施实现科学的节能减排，使得经济发展和环境保护双提升。为了促进经济高质量发展和环境健康发展，国务院 2009 年做出重大决策，并计划到 2020 年将国内单位生产总值的碳排放量大幅降低，以 2005 年为基准线降低到 40%~45% 的水平。旅游业作为我国经济结构的重要组成部分，为实现"碳排放"和"碳中和"，更应在我国节能减排的过程中承担更多的责任和义务。因此，关注和深入研究旅游业的碳排放和低碳旅游发展问题，对于科学客观评价旅游业的碳排放现状和减排潜力、制订减排措施等方面有积极的意义。

（二）旅游业是实现低碳经济发展的重要抓手

根据 IPCC（政府间气候变化专门委员会）对全球 1970—2004 年的温室气体碳排放研究得出的结论可知，其中 7 个行业的温室气体排放在全球温室气体排放总量中占据较大比例，而且这 7 个行业中，有 4 个行业对旅游业发展影响较大，可以说对旅游业的发展起着至关重要的影响作用，这 4 个行业主要是能源供给、交通运输、商业建筑以及废弃物和废水。上述 4 个行业发展与旅游行业发展相辅相成、互相影响，是旅游业实现低碳发展最需要考虑的 4 个方面。UNWTO 和 UNEP 两个国际组织已经就旅游碳排放展开了研究，主要是根据 2005 年全球旅游行业的相关统计数据，对全球旅游业碳排放总量进行测算，可知旅游业碳排放总量在全球碳排放总量中的占比约为 5%，数量达到了 13 亿吨，逐渐成为全球活动产生碳排放的重要方面。此外，研究发现，导致全球气候变暖的人为条件也包含了旅游业这一方面，具体而言，旅游业对全球气候变暖的贡献率达到了 5%~14%，可以预见，未来旅游业发展将成为全球气候环境改善的一大阻力。

旅游业是我国经济发展的综合性产业，也是我国服务业中的重要产业之一，具有一定的发展前景和发展潜力。旅游业对我国经济社会发展具有一定的促进作用，一方面促进现代服务业转型升级，另一方面带动地区经济增长、增加地区就业，为我国经济社会发展做出了巨大贡献。同时，旅游业也会在我国经济的未来发展中继续发挥重要的作用。然而，旅游业在带来积极效益的同时，也对我国气候变化和生态环境造成了一定破坏和影响。基于此，为了规范旅游业应对气候变化与能源问题，国家相关部门积极采取措施，并且出台了相关的指导性文件，2008 年，国务院出台了《关于旅游业应对气候变化问题的若干意见》，2009 年，国务院紧接着又提出了《关于加快发展旅游业的意见》的文件，上述两个意见性文件提出了旅游业节能减排等相关要求，为我国旅游业低碳发展和高质量发展提供了发展新思路。根据石培华等人的研究（2011），我国旅游业能源消耗在《中国统计年鉴》统计的 50 个能耗行业中排名第 29，同时通过与国际旅游业能源消耗和二氧化碳排放总量、结构相对比研究，我国在旅游业节能减排方面采取的相应对策与相关措施已起到十分显著的作用，可以成为低碳经济发展的重要领域表率。由此可见，虽然相比其他产业，旅游业的低碳排放优势非常明显，但是就目前发展现状来看，旅游业发展过程中也会带来较多的温室气体排放，旅游业逐渐成为影响全球气候变化的重要因素，一定程度上增加了全球温室气体的总排放量。此外，根据目前研究发现，旅游业发展虽然会带来温室气体排放总量的加剧，但是与其他行业不同的是，它不仅是温室气体排放的重要载体，同时也是节能减排的重要方面，只要采取得当的措施，旅游业就能够成为节能减排技术应用的重要领域，从而为温室气体排放量减少做出一定贡献。同时，旅游业发展涵盖多个行业，能够从节能减排方面出发，带动相关行业的节能减排，形成辐射带动作用，由此可见，旅游业将是实现经济绿色低碳发展的重要行业。2010 年 6 月，国家旅游局为深度推进相关工作的落实，积极响应国家政策，推进旅游业迈向绿色发展道路，颁布了《关于进一步推进旅游行业节能减排工作的指导意见》，从而为旅游行业绿色发展提供新思路，此举措也标志着旅游业的节能减排日益得到重视。

（三）发展低碳旅游是旅游业发展的重要趋势

低碳旅游和低碳经济均强调在旅游经济发展过程中绿色低碳发展的重要性，其重点内容是减少旅游行业中二氧化碳的排放量，实现旅游业发展的节能减排作用，从而促使旅游业发展与生态环境建设两方面的共同发展、共同进步，实现两者的协调发展。换言之，旅游业发展要以环境保护为核心，在此基础上提升旅游经济发展水平，实现旅游业的可持续发展。与此同时，我国目前仍然处于工业化、城镇化的快速发展阶段，其中，随着现代人民旅游需求的不断增长和旅游消费的不断升级，旅游业发展逐渐成为我国国民经济的重要增长点，其经济发展对我国国民经济发展至关重要。然而，考虑到旅游行业发展对碳排放的影响，同时也顺应国内外低碳发展的诉求，我国旅游业发展既要保持一定的发展成果，达到国家的发展要求，同时也要落实低碳旅游发展的政策，促进旅游业的健康发展，从而实现旅游业高质量和可持续发展。2008 年，国务院出台了《关于加快发展旅游业的意见》，在此意见中首次强调了旅游业发展的重要地位，并且认为其地位已经升级为"战略支柱产业"，对我国国民经济发展的带动作用和引导作用逐渐显现，因此，旅游行业发展对我国国民经济的重要性不言而喻。此外，该意见也明确了"倡导低碳旅游方式"这一提议，要求旅游者在出行和出游过程中要贯彻低碳生活的理念，为旅游业实现低碳绿色发展贡献出一份力量，从而为推动旅游业高质量发展带来了重要契机。然而，就目前我国经济发展现状来看，虽然低碳经济发展是国家一直强调的重点内容，但是由于各种因素的存在，这一目标的实现也面临了许多压力和阻力，仍然需要去克服。随着我国旅游业的快速发展，其经济地位日益升级，逐渐在国民经济发展中占据了重要地位，一方面，极大地促进了旅游目的地的经济发展和就业发展，另一方面，对于其涵盖的交通、住宿、餐饮、购物等方面的发展也有一定辐射作用。但是，正是由于旅游行业发展涉及了较多行业的发展，其粗放式发展造成了多个行业的能源消耗和温室气体排放总量的提升，从而给低碳旅游发展的实现带来了巨大困难。基于这样一个目标，如何在旅游经济增长和二氧化碳排放之间找到一个平衡点，实现旅游行业真正的低碳发展将是一个重要的现实课题。此外，针对旅游碳排放的研究不仅可以让人们看到旅游业的低碳排放属性，也能让人们了解其节能减排的发展潜力，由此可见，发展低碳旅游是旅游业未来发展过程中正确且科学的方向。

（四）当前对旅游碳排放问题的研究仍需加强

纵观现有研究，越来越多的国内外学者关注到旅游碳排放和发展低碳旅游以及两者之间的关系，并且形成了一定的研究成果，但是针对这些研究仍然可以发现其中的不足之处。首先，纵观国内现有研究，大多研究仍然是以定性研究为主，缺乏相关定量研究，而且研究内容较为宽泛，多聚焦于宏观层面的问题，包括低碳旅游理念、低碳旅游发展对策，以及国外先进经验等方面，缺乏具有针对性的、微观层面问题的深入探讨。同时，相较于国外研究，国内研究的视角较比较单一，定量研究仍比较少见。其次，为了降低旅游业产生的碳排放量，目前国内外学者通过相关研究得出相应的对策，普遍认为可以通过以下举措实现：旅游企业及其相关利益者转变发展理念，引进先进的科学技术改变落后的发展模式，同时督促相关企业细化管理模式。但是，目前针对旅游碳排放具体的节能减排措施，国内旅游目的地或景区如何具体实施旅游碳排放，还缺乏具体的支撑，例如，缺乏碳排放测度的相关措施和工作人员。碳排放量的测度作为依据和支撑数据，是为解决旅游节能减排提供重要方向的关键问题，在新西兰和苏格兰等地区处理节能减排问题中，采用了"测量—减排—补偿"三步走的方式进行碳补偿。为了研究低碳旅游的有效途径，对旅游碳排放做定量研究，是对低碳旅游的发展有重要指导意义的。为了旅游业实现高质量发展，并且向政府及有关机构提供专业性的参考意见，需要通过专业的调查、研究以及科学的测量方法，明确旅游碳排放的主要来源及其相关构成。在此基础上，根据以上的测算数据对旅游地的碳排放水平和潜力进行评价和分析。

综上所述，本书基于文献综述和理论梳理，提出了本研究的研究框架。在此基础上，尝试以中国 30 个省级行政区域为实证研究对象，根据对旅游碳排放测度方法的深入探讨，从而构建出本研究的测度方法，利用该方法对区域旅游碳排放进行测度，并且针对上述研究的结果进行不同省域之间的比较分析，厘清中国各省域和各区域之间的旅游业碳排放差异。最后，根据差异分析，就如何减少碳排放提出科学的措施和发展对策，探索区域旅游业的碳减排机制和低碳旅游发展路径。

二、研究意义

（一）理论意义

1. 探索适合我国实际情况的区域旅游碳排放测度方法

发展低碳旅游是一种健康的发展模式，也是未来旅游业发展过程中要十分重视的，因此实现旅游业的"碳达峰"和"碳中和"，是我国旅游业实现高质量发展和可持续发展的必由之路。但是考虑到我国旅游业发展水平和发展环境与西方发达国家存在一定差异，同时经济统计口径也有很大的不同，尤其是这使得旅游碳排放测度的进行会因为缺失旅游业自身的统计资料及数据而面临很大的困难，数据搜集和测算过程复杂且难度较大，在对我国旅游业碳排放进行测度时，直接借鉴国外的测算方法、照搬照用，很难能够准确并且科学地测算出我国旅游业碳排放。因此，我国旅游业碳排放测算需要比较分析现有方法，探索出符合我国实际情况的测算方法。目前许多学者采用了自下而上的测度方法和思路，但这种方法测算出的旅游碳排放量偏小，不能很好地使用测算的数据去研究旅游经济与碳排放的关系。因此，根据实际情况和现有的测算方法，通过讨论和探索，建立符合我国统计数据现状的旅游业碳排放测算方法具有一定现实意义，不仅有利于探索我国旅游业碳排放测算方法，也有利于丰富我国低碳旅游理论研究。

2. 探索旅游经济发展与旅游碳排放的耦合关系

在很长一段时间里，经济增长与物质消耗之间的关系一直处于耦合状态，而且这种状态是稳定的，没有较大变化。但是随着技术的进步和发展，两者之间的耦合关系不再处于稳定状态中，而是在发生变化。旅游经济增长与旅游碳排放之间的耦合关系处于何种脱钩状态，这决定了旅游业的碳减排潜力。当前旅游碳排放的增多是由于人们出游的增多导致的，但碳排放强度是有可能下降的，因此旅游经济发展是否也能用脱钩理论去解释其与旅游碳排放的关系？这是一个非常值得研究的课题，如果旅游业的发展能与旅游碳排放脱钩，则表明旅游业碳减排潜力巨大，可以为我国碳减排做出贡献。

3. 探索影响旅游碳排放的主要因素

纵观现有研究，旅游碳排放的相关研究仍然侧重于测算阶段，包括对测算方法的讨论和基于某种方法的案例研究。关于旅游碳排放影响因素的研究，尤其是定量的实证研究还有所缺乏，在现有相关研究成果的基础上，一些学者认为会对旅游碳排放产生影响的主要因素有以下部分，首先是旅游经济自身方面表现在旅游经济产出规模、游客规模以及旅游部门产值结构，在其他方面，表现为能源消费结构及效率等。对于以上因素的具体影响机理和路径，尚未有科学的实证研究。本书以此为切入点，尝试对影响旅游碳排放的因素进行系统分析，并以具体研究案例和更长的核算年限来深入探寻旅游碳排放影响因素作用的普遍规律，以指导旅游业的碳减排。

（二）现实意义

1. 指明中国旅游业碳减排的方向

旅游业在我国国民经济中的地位日益突出，如果旅游经济增长与能源消耗量能够实现强脱钩，则表明旅游业在实现发展的同时也能够降低碳排放量，因此通过本书研究，可以进一步明确影响旅游碳排放的主要因素，从而为中国旅游业的碳减排指明方向，以实现我国"碳中和""碳达峰"的目标，实现经济发展与环境保护的和谐发展，同时，也会对世界其他具有类似特征的地区的旅游业碳减排有指导意义。

2. 确立中国不同区域旅游业碳减排的机制

如果旅游业的碳减排潜力得到证实，发展低碳旅游就成为中国旅游业发展的重要战略选择。低碳旅游的发展不是仅仅依赖于某一主体能够实现的，它需要多个主体在不同环节中的协同作用和相辅相成，相关主体包括政府部门、旅游企业、旅游目的地和旅游者等。在多主体共同作用的基础上，需要进一步探索旅游行业的碳减排机制，这不仅能够了解各旅游行业碳减排措施的落实情况，从而推动具体措施对旅游业节能减排的贡献，而且能够在分析碳减排机制的基础上厘清影响区域旅游碳排放的关键因素和关键环节，从而针对这些关键因素和关键环节，引导政府、企业等主体从各自的角度出发采取相应的节能减排措施和对策。最终为实现"碳达峰""碳中和"的目标，以及实现各区域旅游业低碳发展的目标，向政府部门提供更全面和更科学的应对措施。此外，也能够向旅游者提出低碳环保旅游的要求，让旅游者更加了解低碳旅游是全社会的责任，从而促使全社会真正贯彻低碳旅游发展的理念，实现旅游低碳发展。

3. 建立中国低碳旅游发展的路径

旅游业作为中国经济发展的重要部分，并兼具有"和谐产业""环保产业""民生产业"等多重属性。基于这些特点，中国旅游业发展需要不断升级转型，从粗放式发展转向低碳绿色发展，实现低碳旅游发展的目标，这一目标的实现不仅能够促进中国旅游业的可持续发展，也能够促进中国生态文明建设，从而驱动中国国民经济绿色发展。本书在分析影响旅游碳排放的因素的基础上，认为发展低碳旅游是中国旅游业发展的重要战略选择，并且依据研究结果，分别从城市规划、国土规划、旅游管理、市政公共设施、园林绿化、环境保护等方面提出中国低碳旅游发展的路径，助力推进中国旅游业发展的低碳化进程，为"碳达峰""碳中和"的目标贡献力量。

第二节　研究思路与技术路线

本书突出问题导向的思路，采用"背景研究—文献分析—数据整理—专题研究—重点攻关"的基本路线，运用理论经济学、旅游学、生态学、计量经济学等学科的理论和方法，借鉴国内外相关研究成果，认真进行数据整理，建立科学符合实际情况的模型，对区域旅游碳排放的测度方法、影响因素进行深入研究。

一、研究主要内容

旅游业对气候环境的变化需要承担相应的责任,因此探讨旅游业的碳减排问题有重要的理论与实践意义。本书试图通过探索旅游业碳排放的测度方法,然后以我国30个省域为实证研究对象进行实证研究,并且针对旅游经济规模和旅游经济结构对旅游碳排放的影响进行分解分析和实证研究,最后在此基础上,就旅游业碳减排和低碳旅游的发展提出一系列的解决措施和手段,为实现旅游业低碳可持续发展提供了理论参考。

第一,本书通过对目前关于旅游碳排放问题的研究成果进行梳理,特别是关于旅游碳排放测度方法研究成果的分析,结合我国旅游业的发展和行业统计数据的实际情况,构建了一种区域旅游碳排放的测度方法。

第二,选取中国30个省(直辖市、自治区)为研究对象,通过国家和地区统计年鉴和能源平衡表等统计数据来源,采取本书构建的区域旅游碳排放测度方法,对中国旅游业的能源消费量和碳排放数据进行测算,给下面进一步的研究提供数据上的支持。

第三,运用脱钩理论,验证中国旅游经济增长与能源消耗量之间的关系,根据分析结果来看二者之间的脱钩状态,寻求旅游经济增长与能源消耗下降并存的可能性。

第四,在上述研究基础上,进一步对区域旅游经济发展与碳排放之间的关系进行了深入探讨。主要以EKC假说为理论基础,对中国旅游经济增长与碳排放之间所存在的相关关系进行实证检验,并且对检验的结果进行了深入分析。具体而言,本书从旅游经济规模和旅游经济结构两个角度出发分别进行相关性检验,检验结果发现了中国旅游经济规模与旅游碳排放之间的线性关系和中国旅游经济结构与旅游碳排放之间的非线性关系。

第五,针对中国旅游碳排放变化的影响因素分析研究结果,进行深入分析和总结,给出中国旅游业进行碳减排和发展低碳旅游的相关政策建议。

二、研究的技术路线

综合前面所述,本书形成了如下的研究思路,如图1-1所示:

| 立题 | 选题确立 | → | 旅游业碳排放与旅游经济发展研究 |

文献回顾	文献回顾观点提炼	→	归纳总结现有区域旅游业碳排放测度方法与思路
		→	深入分析旅游经济发展与碳排放相关研究成果
		→	合理借鉴相关方法与成果用于本书研究

研究方法	研究方法模型设计	→	分析现有旅游碳排放测度方法，选用自下而上法
		→	运用脱钩理论分析旅游经济发展与旅游碳排放关系
		→	运用ECK假说，对中国旅游业的近年碳排放变化影响因素进行线性分析
		→	构建门槛效应模型分析旅游碳排放影响因素对旅游经济发展的非线性关系

研究过程	构建旅游业碳排放测度方法	→	综合比较当前旅游业碳排放测度的多种方法，结合我国实情，采用自下而上的思路，基于统计年鉴和能源平衡表等数据资源，进行碳排放量测度
	测度中国旅游业碳排放	→	通过统计年鉴获取基础数据，通过换算得到旅游业的碳排放量，并分析中国旅游碳排放量的趋势与特征
	中国旅游经济规模与旅游碳排放的关系	→	运用脱钩理论，进行旅游经济发展过程中的经济规模与旅游碳排放的关系研究，在同一时间序列下，比较研究旅游经济总量的变化方向、幅度与旅游碳排放之间的关系
	中国旅游经济结构与旅游碳排放的关系	→	针对旅游经济增长和碳排放二者之间的关系，构建Tapio脱钩模型检验经典线性特征
		→	依托EKC假说等理论，构建影响因素模型对旅游业碳排放影响因素进行实证分析；构建多维异质性门槛模型，探究中国旅游业碳排放强度影响因素的非线性特征

| 研究结论 | 减排途径与低碳旅游发展措施 | → | 建立区域旅游碳减排机制的建议 中国旅游高质量发展的策略与措施 |

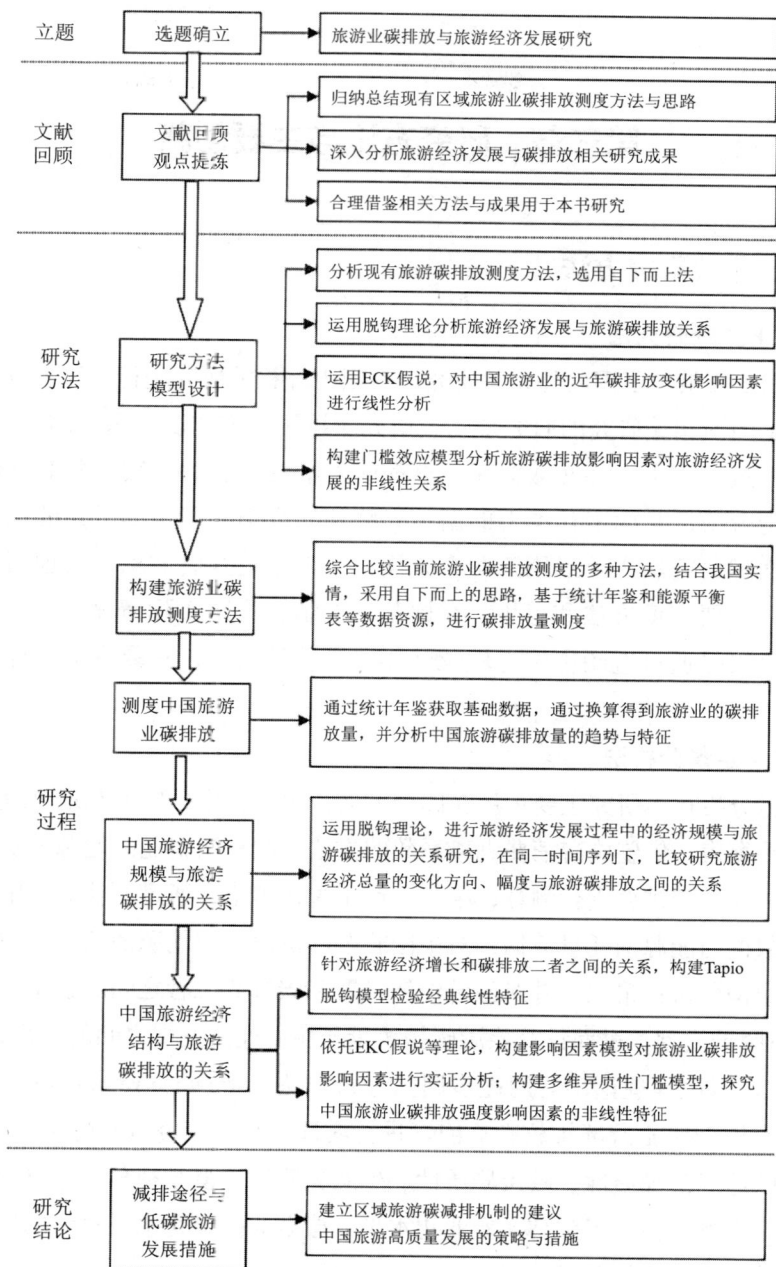

图 1-1　研究设计路线

第三节　研究方法与主要创新

一、主要研究方法

（一）文献研究法

本书主要借鉴了国内外相关研究，对国内外相关研究进行了深入分析，从而厘清了国内相关研究的研究现状、研究所运用的方法以及未来的研究趋势。同时，通过查阅中、外文数据库，整理前人学者的相关研究，并对其研究进行梳理与分析，从而确认本书的基本思路和研究框架，为本研究的展开奠定基础。文献研究法主要运用于两个方面：一是通过查阅文献，梳理当前旅游碳排放的主要测度方法和思想，在此基础上结合我国实际情况，构建一种测度方法；二是通过查阅中国省域统计年鉴等统计资料，获取本书研究的基础数据。

（二）定量分析法

定量分析在本研究主要运用在四个方面：第一，根据国家和地方统计年鉴和能源平衡表，借鉴旅游消费剥离系数的方法，测算旅游业的能源消费量，对区域旅游业的碳排放进行测算；第二，运用脱钩理论，通过所获取的中国旅游业统计数据与能源消耗量数据，对中国旅游经济增长与能源消耗量之间的关系进行了脱钩分析；第三，针对旅游经济发展和碳排放二者之间的关系，参照采用Tapio脱钩模型，进而计算旅游碳排放量与旅游经济发展之间的关系；第四，依托EKC假说等理论，运用逐步回归分析方法（stepwise regression）来构建影响因素模型对旅游碳排放影响因素进行实证分析，探究其线性关系；第五，基于目的地经济异质性、政策异质性、生态异质性等多维视角，通过构建面板门槛回归模型，揭示了旅游业专业化水平、旅游业高级化水平对目的地地区旅游碳排放强度影响的非线性特征。

（三）定性分析法

在对现有研究进行整理和总结的基础上，本书厘清了研究涉及的相关概念，并且确定了相关概念的定义。此外，在定量分析的过程中，特别是在建模的变量选取上，除了借鉴已有研究成果，也需要采用定性分析方法，通过对中国省域能源消耗和碳排放特点、成因进行深入的质性分析，厘清碳排放的重要影响因素，从而选取可靠的研究变量，构建数据变量，最终用于模型的构建。由此可见，在探索旅游业碳减排机制和发展低碳旅游的策略与路径方面，也需要运用到定性分析法辅助定量分析研究的展开。

二、主要创新点

本书的主要创新点体现在两个方面：（1）研究视角创新。本研究分析了中国旅游碳排放与中国旅游经济发展的关系，现有研究主要从单一关系视角分析，本研究考虑了二者之间存在的线性关系和非线性关系，从旅游经济发展规模和旅游经济发展结构两方面出发，并且揭示了旅游业专业化水平、旅游业高级化水平对目的地地区旅游碳排放强度影响的非线性特征。为中国旅游碳排放和旅游经济增长关系的探讨提供了一个较全面的研究，丰富了现有研究。（2）研究内容创新。为了对中国旅游碳排放和旅游经济增长二者之间的关系及影响因素进行分析，本书将采用 Tapio 脱钩理论，依托 EKC 假说等理论，运用面板数据和计量经济方法对中国旅游碳排放影响因素展开研究，具体分析旅游业专业化水平、旅游业产业结构以及经济发展水平、环境规制、城镇化率等多种因素与旅游碳排放之间的作用关系与相互作用机制，并且基于目的地经济异质性、政策异质性、生态异质性等多维视角，构建面板门槛回归模型，为后续关于旅游碳排放和旅游经济增长的相关研究提供测度流程。从而丰富对旅游碳排放程度和旅游经济增长速度的相关研究，为推动旅游高质量发展提供了一定的启示，为推动中国实现"碳中和"和"碳达峰"贡献力量。

第二章　国内外研究综述

第一节　碳排放与经济发展研究综述

一、碳排放与经济增长因果关系研究

近年来大多研究采用 Granger 因果关系检验方法研究碳排放与经济增长的相关关系，该研究方法成为较为科学和新兴的研究方法，并且开始涌现出了大量的相关研究。Coondoo & Dinda（2002）选取全世界各地区的碳排放与经济增长的关系为研究主题，选取跨国面板数据，基于传统的 Granger 因果关系进行验证分析，证明了二者关系最终呈现了三种不同类型的结果：以北美、西欧等为代表的国家及地区中二者的关系表现为单向因果，与之相反，南美洲、大洋洲和日本等为代表的国家和地区中二者关系表现反向单向因果，亚洲和非洲为代表的区域中二者的关系表现为双向因果，明确了全世界碳排放的区域分布情况。随着研究的深入，学者不断引入新的模型，丰富现有研究。Dinda & Coondoo（2006）选取了全球 88 个国家和区域面板数据，基于时间序列计量经济学技术对面板数据集的单位根检验、协整和相关误差校正模型，验证了以上区域和国家人均碳排放和人均经济增长呈现三种因果关系。Liu（2006）基于 Granger 因果关系，对挪威实际人均收入和四种空气排放（CO_2、CO、SO_2 和 NO_x）进行验证，发现 GDP 与大气排放量之间仅存在单向因果关系，其中 GDP 与碳排放存在长期因果关系。Soytas 和 Saria（2009）选取新兴经济体土耳其为研究对象，控制资本投入和劳动力成本，使用时间序列方法证明了该区域的经济增长和碳排放之间缺乏长期因果关系。随着中国的不断发展，中国作为世界一大新兴经济体，成为研究的重点，Jalil 和 Mahumd（2009）选取中国

为研究对象，研究了二者之间的关系在中国经济环境下的表现，证明了二者的表现为单向 Granger 因果关系。Lean 和 Smyth（2010）在 1980 年至 2006 年五个东盟国家的面板矢量误差校正模型中检验了碳排放、电力消耗和经济增长之间的因果关系，经过对相关数据的实证检验证明，从电力消耗和碳排放与经济增长之间存在单向 Granger 因果关系。Adom 等（2012）以塞内加尔、摩洛哥和加纳三国为例，构建协整检验模型，并对三个国家的碳排放与经济增长数据进行验证，结果证明在三个国家中二者关系表现为长期协整关系，并且通过 Granger 因果检验，验证了加纳和摩洛哥两国的碳排放量增加的同时也促进了经济增长。Ajmi 等（2015）通过时间波动的 Granger 因果关系方法分析了 1960—2010 年七国集团在电力利用、经济增长和环境恶化之间的关系。该研究结果显示，从时间序列角度出发，七国集团从经济增长到碳排放存在较强的因果关系。Ashfaq 和 Zhao 等（2016）选取了印度作为研究主题，并且截取了 1972—2014 年碳排放、经济增长等相关数据，验证了二者之间的长期和短期关系，并且利用经济学和统计学相关知识，构建自回归分布滞后模型和向量误差修正模型，对以上数据进行验证分析，研究结果发现二者之间存在因果关系。Phatchapa 等（2017）整理分析泰国 1971—2013 年二氧化碳与经济增长的数据，并利用协整因果模型分析以上数据，验证了猜想，得出泰国经济的快速增长会导致二氧化碳的大量排放。Acel（2017）分析拉丁美洲和加勒比等 20 个国家的二氧化碳人均排放量和经济增长之间的关系，研究发现，上述两者之间的经验关系是长期的因果关系。Tanja 等（2018）分析了基于替代能源、化石能源和可再生能源的碳排放强度，应用神经模糊法分析结果表明，替代能源对碳排放强度的影响最大，固体燃料的二氧化碳排放强度对经济增长的影响最大。Tuğay（2019）使用 1992—2014 年期间的数据调查了阿塞拜疆、哈萨克斯坦、吉尔吉斯斯坦、塔吉克斯坦、土库曼斯坦和乌兹别克斯坦的二氧化碳排放与经济增长之间的关系。人均二氧化碳排放量、液体燃料消耗产生的二氧化碳排放量和气体燃料消耗产生的二氧化碳排放量均用作二氧化碳排放量数据。研究发现，这些国家的二氧化碳排放量与经济增长之间确实存在因果关系。Destek（2020）使用 1800—2010 年的历史数据，重新观察了七国集团国家经济增长和碳排放之间的联系，使用时变协整等估计方法检查了每个国家从

1800 年到 2010 年（建成）的历史数据，证明二者之间存在一定的因果关系。Petrovi 等（2020）以哥伦比亚、印度尼西亚、越南、埃及、土耳其和南非"灵猫六国"的数据为研究对象，发现除外国直接投资（FDI）以外的所有变量都会导致二氧化碳排放量的变化，并且经济增长与碳排放之间存在正双向因果关系。

近年来，国内越来越多的学者关注到碳排放与经济增长二者之间的关系，并且针对二者之间的关系展开了众多讨论。陈茜（2010）在总结现有文献的基础上，选取了典型发达国家二者关系在不同历史发展阶段的状态作为研究的主题，并进行应用协整性验证和因果关系检验得出：在不同的历史阶段和不同的国家，二者的关系存在差异，没有归纳出一致的规律。除了关注发达国家的碳排放情况，学者也开始关注发展中国家的碳排放情况。杨子晖（2010）在前人研究的基础上，运用已经改进的非线性 Granger 因果检验方法，选取发展中国家中的两大经济体印度和中国为例，通过非参检验方法验证了二者关系在发展中国家的表现，通过深入探讨二者关系，揭示了二者在发展中国家不同阶段的发展规律，对发展中国家实现经济高质量发展具有重要意义。赵爱文、李东（2011）针对中国碳减排的问题展开深入研究，在现有研究方法的基础上，结合协整和误差修正模型以及 Granger 因果关系，证明了中国 1953—2008 年二者之间整体呈现互为双向因果关系。刘倩、赵普生（2012）选取 2007 年碳排放量排在前 15 位的国家为研究对象，针对以上国家收集了 1960—2007 的相关数据，综合 ECK 假说和 Granger 因果理论，采用时间序列分析法，比较以上国家各时间段的二者之间的关系，其中，中国作为主要碳排放国家二者之间在此时间段内无明显的因果关系。随着研究的丰富，国内学者开始细化到具体的行业，王凯等（2013）考虑到现有研究的不足之处，选取中国服务业为例，运用脱钩理论、ADF 单位根检验、协整分析以及 Granger 因果关系，研究发现，从整体上看，经济增长与能源消费、碳排放存在着单向因果关系。各个因素间的关系具体表现为：在 1995—2010 年内，碳排放对服务业经济增长的 Granger 因果关系并不显著，但是服务业经济增长对碳排放的 Granger 因果关系与前面相反。随着研究逐渐细化，学者们注意到还有更多的相关因素，王兵等（2014）考虑到城镇化这一研究变量，截取中、美两个国家 1985—2010

年的相关数据，在原有碳排放与经济增长研究的基础上，创新性地引入城镇化，探讨三者之间的关系，实证结果表明，中国和美国的经济增长、城镇化与碳排放三者之间存在不一样的因果关系。具体而言，对于中国，经济增长对碳排放之间呈现间接单向因果关系，对于美国，碳排放对经济增长呈现直接单向因果关系。任晓航（2015）利用时间序列数据，截取了中国1985—2013年的数据进行分析，选取了三个变量，分别是清洁能源、碳排放和经济增长，运用统计学和经济学相关知识，并且建立了相应的模型对以上变量间的关系进行验证，得出碳排放和经济增长二者之间互为因果关系。肖德、张媛（2016）通过梳理现有研究，选取高、中、低三种收入水平共61个国家为研究对象，对于在不同发展背景下经济增长、能源消耗和碳排放三个因素之间的关系，引入经济学中的经济增长理论作为研究的基础指导理论，构建包含三种因素的动态联立方程组，通过采用系统GMM的计量方法对以上数据进行验证，并比较了因收入不同各个国家之间存在的差异性关系。具体研究发现：高、低不同收入国家的各影响因素之间存在相关关系，且上述国家的经济增长对碳排放呈现出单向因果关系。阳瑾瑜（2017）研究我国广西的经济增长、能源消费和碳排放三个变量之间的关系，建立三个向量自回归模型，通过对模型的稳定性检验发现各变量之间存在协整关系，进而研究变量之间的Granger因果关系，在此基础上，采用广义脉冲响应函数检验以上模型的稳健性。通过以上验证可以得出，在广西发展现阶段，二者之间存在着显著的短期和长期因果关系。刘金培等（2019）利用我国1985—2014年这30年间的相关数据，探讨我国人均碳排放的长期均衡和短期动态与经济增长、城镇化、技术创新、贸易开放之间存在什么样的因果关系。基于VECM模型的Granger因果关系检验方法，得出随着碳排放的增大或者减少，经济也会发生变化，即碳排放与经济增长之间存在反向作用机制。Zhang（2019）利用1996年至2015年中国主要粮食产区的时间序列数据、研究农业部门碳排放、能源消耗与经济增长之间的关系。根据估算的农业碳排放量，使用自回归分布滞后（ARDL）模型，基于矢量误差校正模型（VECM）的Granger因果检验、脉冲响应和方差分解来检验农业部门的碳排放、能源消耗与经济增长之间的关系，研究结果发现，无论是短期来看还是长期来看，农业碳排放与经济增长之间的关系结果显示为相同的，均表现为双向因果关系。原嫄（2020）对中国 30 个省份 2002—2016 年的经济发展水平数据展开分析，研究表明，不同收入水平的地区，二者的关系存在差异，中高发展程度的地区能源消费对碳排放呈现单向因果关系，中低发展程度的地区则表现为双向因果关系。

二、EKC检验研究

20 世纪 90 年代，不少学者开始定量研究环境质量与经济发展之间的关系。在 1991 年，美国经济学家 Grossman 和 Krueger 初次实证研究了环境质量与人均收入二者之间的关系，选取 42 个城市和国家的相关截面数据，研究发现，空气污染物浓度水平与国家发展程度有关，在发展水平较低的国家或区域随着 GDP 的增加而增加，在发展水平较高的国家或区域则相反。1992 年，世界银行等组织也开始关注全球环境区气候的发展，并且为此通过科学调研发布了《世界发展报告》，该报告以"发展与环境"为主题，呼吁学者以及有关人士关注此类问题。环境问题不仅会影响人类生存，对经济发展也会产生重要影响，学者们开始从经济学的角度切入，如 Panayotou（1993）从经济学角度出发，考虑将库兹涅茨倒 U 形曲线引入对环境与发展之间的研究中，并且构建了测量环境质量与人均收入关系的模型，这就是著名的环境库兹涅茨曲线（EKC）。EKC 具体阐释为：随着收入的不断增加，环境质量会随之开始退化，但是并不会一直呈现负向相关的关系，当收入水平上升到一定程度后，随着经济水平的提升，环境质量随收入增加而改善，因此可以总结为环境质量与收入为倒 U 形关系。此后，国内外许多学者为了验证 EKC 曲线的存在，会通过利用模型和大量的统计数据的方法进行验证。EKC 曲线提出后，学者们依据此理论，通过在不同背景下，对环境质量与收入之间关系进行验证，逐渐丰富和深化了该理论，使得该理论得到了极大的发展。

碳排放与经济增长关系问题是目前困扰全人类发展的重点课题，但是从本质上来看，二者其实归属于经济学的范畴，是环境质量与经济发展问题的一个特例。但随着经济的发展，污染的加重，环境问题越来越受重视，尤其是在全球气候变暖这一背景下，关乎人类可持续发展，更受瞩目。关于碳排放的 EKC 检验结果呈现多样化，越来越多的学者关注这方面的研究，通过对 Holtz

Eakin & Selden（1995），Cole（1997），Agras & Chapman（1999），Heil & Selden（2001），Cole（2004）and Galeotti（2006）等学者的相关研究的归纳总结，可以得到一致的规律：人均碳排放与人均 GDP 之间存在倒 U 形的关系，这意味着二者之间存在着脱钩，研究中不同的点在于：在不同的研究背景下，转折点的具体数值存在差异，总体范围在 20000~60000 美元。另一部分学者则通过研究持不同意见，如 Sengupta（1996），Moomaw & Unruh（1997），Friedl & Getzner（2003），Zarzoso & Morancho（2004）等学者通过深入的实证研究，则得出了人均碳排放与人均 GDP 之间的关系与倒 U 形的关系不同，则是 N 形关系，这种关系说明了二者之间的脱钩为短暂的，等发展一旦过了拐点，则二者关系依旧相关。除此之外还有学者认为人均碳排放与人均 GDP 之间的关系为线性关系，如 Shafik & Bandyopadhyay（1992），Roca（2001），York（2003），Azomahou（2006）等。也有少数学者如 Lantz & Feng（2006），Richard 等（2010）提出二者的影响因素过多，严格来说，二者之间的相关性不强。

Nasir（2011）等调查了 1972—2008 年巴基斯坦的碳排放量、收入、能源消耗和对外贸易之间的关系。通过使用约翰逊协整方法，研究发现碳排放量与收入之间存在二次长期关系，证实了环境库兹涅茨曲线的存在，并发现能源消耗和外贸都对排放产生积极影响，但短期结果否认了 EKC 曲线的存在。Esteve 等（2012）对 1857—2007 年西班牙的人均二氧化碳与人均收入之间的长期关系进行了建模，根据 EKC 曲线，两个变量之间的关系呈倒 U 形，并且通过使用阈值协整技术来解释可能的非线性关系，证实了上述两个变量之间的非线性关系。Tiwari 等（2013）调查了印度煤炭消费、经济增长、贸易开放度和碳排放之间的动态关系，证实了煤炭消费、经济增长、贸易开放和碳排放之间存在长期的协整关系，结果表明，无论长期还是短期，都存在 EKC 曲线。Bilgili F 等（2016）采用了 1977—2010 年 OECD 17 个国家的面板数据集，并进行了 FMOLS 面板估计和 DOLS 面板估计，证实了他们提出的 EKC 假设，并表明人均 GDP 和人均 GDP 平方分别对碳排放产生正向和负向影响，并且 EKC 曲线的有效性不取决于小组成员所在国家的收入水平。Aslan A 等（2018）选取美国 1973—2015 年的年度数据，研究表明倒 U 形 EKC 假设对总碳排放、工业碳排放、电力碳排放和居民碳排放均有效，但美国的商业和运输部门不支持经济增长与碳排放二者之间呈现倒 U 形关系的观点。Imran Hanif（2018）以系统通用矩阵法（GMM）为主要研究方法，通过收集位于撒哈拉以南非洲的发展中国家于 1995—2015 年的经济和能源数据，首先深入分析了这些国家经济增长的影响因素，其次探索了导致环境退化的能源因素，包括化石燃料、固体燃料和可再生能源等。研究结果表明，这些国家人均经济增长与碳排放之间存在倒 U 形关系，从而验证了撒哈拉以南非洲中低收入经济体存在着 EKC 曲线。Ganda（2019）采用 1980 年至 2014 年南非的 EKC 曲线，研究了涉及碳排放、经济增长和能源消耗的关系，回归分布滞后方法和 Johansen 协整检验证明变量是协整的，结果表明，EKC 在短期和长期的能源组合数据中均受支持，但在单独的数据中有所不同。

在哥本哈根气候大会召开之后，国内外学者逐渐关注到温室气体排放对经济发展的影响，相关理论研究延伸到碳排放与经济增长二者之间的研究。在此背景下，国内也涌现出大量的学者对其进行相关验证分析。陆虹（2000）主要以大气污染为例，对我国环境 EKC 曲线特性进行了深入分析。研究发现，我国经济发展与环境污染两者间存在较弱的 EKC 曲线特性，同时利用状态空间模型进一步验证了上述两者之间的内在关系，结果表明经济发展和环境污染之间并不是简单的倒 U 形关系，而是存在一种相互作用的关系。韩玉军和陆旸（2009）根据"工业化水平"和"收入水平"将选取的 165 个国家分为 4 组，对 4 组国家经济增长与环境污染之间的 EKC 曲线特性进行了比较分析，研究发现，4 组国家环境污染的 EKC 曲线具有显著差异，其中以中国为代表的"高工业、低收入"国家在处理经济增长与环境污染关系时会面临一定困难。林伯强和蒋竺均（2009）发现我国二氧化碳一直处于上升趋势，拐点仍未到来，因此在研究我国二氧化碳 EKC 曲线特性的基础上，采用两种方法对我国二氧化碳 EKC 曲线进行了预测，发现理论预测和实证预测存在较大差异，进而采用 LMDI 法对我国碳排放影响因素进行了分解，从而为我国未来碳减排提供了新思路。李国志、李宗植（2010）对我国省域碳排放进行了测算，并且按照碳排放大小，将 30 个省（直辖市、自治区）划分为高排放区域、中排放区域和低排放区域，进而针对三个区域进行了比较分析以及影响因素分析，研究发现，不同区域之间碳排放差异随着时间在逐渐扩大，人口、技术以及经济增长是二氧化碳排放变化的重要原因，其中经济增长与二氧化碳排放之间存在倒 U 形 EKC 曲线，同时也是促进二氧化碳增加的最主要因素。许广月、宋德勇（2010）对我国东、中、西三大区域经济增长和碳排放进行了比较分析，并且基于 EKC 曲线理论，利用面板单位根和面板协整两个检验方法，对我国东、中、西部地区的人均碳排放 EKC 曲线和碳排放拐点进行了研究，结果表明东部和中部存在 EKC 曲线，而西部不存在，得到的中国东部、中部与西部地区的碳排放拐点也不尽相同。魏下海、余玲铮（2011）从空间计量的视角出发，利用空间计量方法，对我国省域碳排放 EKC 曲线特性进行深入分析，证实 EKC 曲线仍然属于倒 U 形，且各地区碳排放 EKC 曲线拐点存在一定差异，发现这一现象与各地区的产业结构、能源消费结构和贸易结构特征息息相关。与以往关注 EKC 曲线的研究不同，李卫兵、陈思（2011）利用 STIRPAT 模型对我国总体上和各区域间二氧化碳排放的驱动因素进行了分析，研究发现，EKC 曲线并不能解释我国碳排放和经济发展水平的关系，东、中、西部地区碳排放的影响因素有相同的部分，但也有不同的地方，区域之间的比较分析是十分有必要的。Du 等（2012）截取我国 1995—2009 年省域面板数据，数据分析结果显示在我国 EKC 假设并不成立。胡宗义等（2013）、李维等（2013）、蔡风景等（2016）、施锦芳等（2017）截取了我国有关经济发展和碳排放的面板数据，基于 EKC 曲线假说，对我国不同时期碳排放与经济增长之间的关系展开了讨论，发现二者之间存在 EKC 曲线特性，主要呈现出倒 U 形曲线关系。易艳春、宋德勇（2011）从检验 EKC 曲线是否符合我国经济发展出发，分析了我国经济增长与碳排放的函数关系，发现二者呈现 N 形关系，具体而言，经济增长与碳排放的增加不一定相关。刘华军、闫庆悦、孙曰瑶（2011）为了检验我国二氧化碳排放的 EKC 曲线，主要通过收集省域时间序列和面板数据，利用两类数据来分析我国二氧化碳排放的 EKC 曲线，弥补了时间序列数据研究的不足之处。研究发现，在时间序列数据分析下，我国单位 GDP 二氧化碳排放量与人均收入呈现倒 U 形关系；在面板数据分析下，两者存在单调递增的线性关系。龙志和、陈青青（2011）通过建立我国省域面板模型，利用经济计量的方法，对我国各区域二氧化碳排放量与经济增长之间的关系进行探索，并且针对三大区域进行了比较分析。研究发现，从整体上看，全国 EKC 曲线呈现倒 U 形特征；从各区域来看，东部地区 EKC 曲线特征整体上具有一致性，而中西部地区则呈现出单调递增的线性关系。邓晓兰等（2014）在以往研究基础上，利用半参数广义可加模型，不仅分析了我国以及各区域碳排放与人均 GDP 之间的关系，而且深入探索了 CKC 曲线关系形成的机制和区域差异，得出结论为：经济发展与碳排放轨迹表现为单调递增 EKC 曲线，而非传统的假说所描述的倒 U 形。

王美昌等（2015）借鉴 GVAR 模型，构建了包含经济增长、贸易开放、实际汇率、二氧化碳排放和国际石油价格 5 个变量的 GVAR 模型，从动态视角出发对经济增长与二氧化碳排放进行了 EKC 假说检验，对贸易开放和二氧化碳排放进行了污染天堂假说检验，并且分析了国际石油价格对二氧化碳排放的作用，研究发现上述三者之间存在长期均衡关系，且 EKC 假说和污染天堂假说都得到了证实，同时在国际石油价格上涨的情况下，碳减排效果显著。这一研究厘清了经济增长、经济贸易和二氧化碳排放之间的相互关系，为多变量的复杂研究提供了借鉴。郭施宏等（2017）将 EKC 假说引入土地利用和碳排放关系研究，基于 1995—2012 年中国省际面板数据，构造了静态模型和动态模型，对城市土地经济密度与碳排放之间的关系进行比较分析。研究发现，二者之间的 EKC 曲线假设得到证实，主要是 N 形曲线关系，同时发现静态模型和动态模型曲线的极大值点存在显著差异，相较前者，后者的极大值点较为滞后。田伟等（2017）则基于农业生产领域视角，探索了我国农业碳排放与经济增长之间的关系，采用单位根检验、协整检验、格兰杰因果关系检验等方法展开了讨论，发现农业人均二氧化碳排放量与经济增长之间存在长期均衡关系，具体而言，二氧化碳排放量攀升的原因之一是经济增长，相反，二氧化碳排放量增长并不能促进经济增长。纵观现有研究，基于 EKC 曲线假说的碳排放与经济增长关系研究已经十分丰富。根据这些研究的结果可知，两者之间的关系并不是确定的，也不是单一的，这一关系会受到研究数据类型、研究方法类型、研究模型构建、指标选取等方面的影响，从而导致结果有很大不同。此外，研究区域的不同也可能会导致 EKC 曲线形状的不同。同时，基于不同的数据和模型，研究得到的碳排放和经济发展之间的关系也会有所差异，这不仅体现了经济发展与碳排放之间关系的多样化，也反映了碳排放和经济发展之间 EKC 曲线关系是脆弱的，容易受到其他因素的影响。总体而言，目前有关经济发展和碳排放关系的研究得到的结果主要包括两大类，一是不存在经济增长和碳排放 EKC 曲线关系，二是存在 EKC 曲线关系，具体的函数关系分为 5 类，即倒 U 形、U 形、倒 N 形、N 形以及同步关系。

三、经济增长与环境压力的脱钩关系研究

关于经济增长与环境之间关系的研究，也有学者结合脱钩理论，以不同地区作为研究对象展开了丰富的讨论。Juknys（2003）基于脱钩理论，将脱钩分为初级脱钩和次级脱钩，并且构建了经济合作与发展组织（OECD）模型，以立陶宛为研究对象，对其经济增长、资源利用和环境污染之间的脱钩关系进行了探索。Tapio（2005）主要以欧洲交通业为研究对象，收集 1970—2001 年的相关数据，分析了交通行业经济增长与运输量、温室气体之间的脱钩关系。基于实证研究结果，Tapio 引入弹性方法，根据测算数据，将脱钩划分 3 大类——脱钩、连接、负脱钩，8 小类——弱脱钩、强负脱钩、扩张连接、衰退脱钩等，进一步完善了脱钩模型，为后续研究奠定了理论基础。David Gray，Jillian Anable，Laura Illingworth 和 Wendy Graham（2006）等基于 Tapio 脱钩模型，以苏格兰为研究地区，深入分析了该地区经济增长与交通运输量、二氧化碳排放之间的脱钩关系，丰富了经济与环境的脱钩问题研究。Lu（2007）则将研究范围扩展到德国、日本、韩国及中国台湾等多个国家（地区），这些国家（地区）涉及欧洲、亚洲等地区，分别对这些国家（地区）交通行业的经济增长与能源需求、碳排放的脱钩关系展开了讨论和研究，丰富环境和经济增长脱钩关系研究的空间范围和对象。Freitas 和 Kaneko（2011）则对巴西经济增长和碳排放之间的脱钩关系进行了分析，研究发现，碳减排的主要措施应聚焦于碳强度和能源结构优化两大方面。Andreoni V 等（2012）在对意大利 1998—2006 年经济增长与碳排放脱钩关系进行探索时发现，两者之间并未绝对脱钩，二氧化碳排放的攀升仍与经济增长、能源强度息息相关。Mir 等（2016）使用世界投入产出数据库（WIOD）中 40 个国家和 35 个行业 1995—2007 年的数据，研究发现基于生产的碳排放与增长之间存在脱

钩。Zhou 等（2016）采用大数据分析和 Tapio 扩展模型定量分析了 1996—2012 年中国 8 个主要地区碳排放与经济增长的脱钩关系；Ning 等（2017）截取中国 7 个经济带 1996—2013 年的脱钩指数，运用 Tapio 脱钩方法分析，结果显示各个经济带脱钩程度具有显著的差异性；Longhofer 等（2017）运用经济发展指标之间的相互作用和双向固定效应模型，以估算 1970 年至 2009 年四个国家样本中发展对碳排放的潜在变化影响，研究结果证明亲环境社会的国家经历了经济发展与碳排放之间的相对脱钩，但未能确定核心国家相对脱钩的具体机制。Minda 等（2018）研究中国第三产业的经济发展与国家和市级碳排放脱钩（CECCB）增长之间的关系，研究结果显示：在国家一级，从 2001 年到 2015 年，商业建筑部门的脱钩是有限的。Engo J（2019）采用 Log-Mean Divisia 指数和 Tapio 模型研究喀麦隆 1971—2014 年经济增长与温室气体排放之间的脱钩关系，对喀麦隆独立后的 3 个主要时期进行了分析，将脱钩指标分解为 7 个因素。结果表明，喀麦隆的隐性脱钩仅在经济危机时期（1984—1994 年）出现。1971—1984 年以及 1994—2014 年之间，碳强度、经济活动、人口和排放因子不仅导致喀麦隆 GHG（尤其是二氧化碳）排放的增加，还阻止了脱钩。Magnus Jiborn（2020）基于世界投入产出数据库（WIOD）的数据，比较了 2000 年至 2014 年 44 个国家和地区的基于生产、基于消费和技术调整后的碳排放，研究结果为经济增长与碳排放的绝对（尽管适度）脱钩提供了明确的证据。

随着低碳经济的提出，国家和社会越来越关注到不同领域的节能减排情况，基于这一现状，国内学者将脱钩理论引入我国经济研究，尝试探索我国各行业不同阶段的经济增长与环境等之间的脱钩关系。庄贵阳（2007）在全球气候变化问题受到日益关注的背景下，阐述了后京都时代我国面临的气候挑战以及全世界经济发展向低碳经济转型的特征，进而选取了 20 个国家，对其不同时期的脱钩特征进行了分析。李忠民、姚宇（2010）基于修正的 Tapio 模型，构建了我国产业低碳发展的脱钩框架，以山西建筑业为研究对象，对其能耗和二氧化碳排放量进行了实证分析，研究发现，山西省建筑行业碳减排措施卓有成效，并且分析了其措施实施有效的原因。彭佳雯等（2011）构建了经济增长与能源碳排放的脱钩分析模型，然后通过计算我国 1980—2008

年各省份经济和能源消耗数据，分别进行了脱钩时间和空间演变分析。研究发现，从时间上看，两者之间的关系随着发展环境的变化逐渐向强脱钩靠近，但仍存在一定差距；从空间上看，各区域间的脱钩程度差距在不断缩小，逐渐呈现出空间集聚的特征；从总体上看，能源碳排放和经济增长是实现两者之间脱钩的重要方向。张蕾等（2011）以长江三角区 16 个城市为研究对象，对其经济增长与环境污染关系进行脱钩时空演变分析。研究发现，经济增长与环境污染的脱钩关系会随着地域的不同而不同；长江三角区作为经济发达地区，其工业三废脱钩程度存在一定差距；21 世纪以来，长三角环境污染与经济增长二者之间的脱钩情况有显著的改善，但是偶尔会出现挂钩现象。陆钟武、王鹤鸣（2011）引入了定量关系表达式——IeGTX 方程，以中国和美国为研究对象，对两国废物排放和 GDP 的脱钩关系进行了比较分析，并且绘制了脱钩曲线图。研究发现，两国的二氧化碳排放脱钩指数分别高于自身的能源脱钩指数，但是由于中国经济处于快速增长阶段，美国的二氧化碳排放和能源脱钩指数均高于中国。王云等（2011）采用 Tapio 脱钩指标、Kaya 恒等式以及 LMDI 分解法，探索了山西省二氧化碳与经济增长的脱钩情况，从而根据脱钩情况分析山西省低碳经济的发展情况。研究表明，山西省二氧化碳和经济增长的脱钩关系在不断改善，碳减排工作取得一定成效，但是相较于脱钩状态仍存在一定差距。刘竹（2011）以我国 5 个低碳试点省份为研究对象，基于经济组织 OECD 的脱钩定义，利用脱钩指标对 5 个省份进行经济增长和能源碳排放的脱钩分析，揭示了我国未来低碳发展仍面临巨大挑战的现状，需要加大节能减排的措施强度和力度。国涓等（2011）引入修正的 Laspeyres 指数分解法，对各工业部门二氧化碳排放量的影响因素及其差异进行了分析，同时厘清了工业部门中经济增长与碳排放的耦合关系，探讨了现在存在的碳减排政策实施的效应，以及工业中各部门的减排潜力，为工业各部门实施更有效、更有针对性的碳减排政策提供了依据。李从欣（2012）通过构建脱钩分析模型，从时间和空间两个视角出发，对我国经济增长和环境污染进行了两个层面的脱钩分析，研究发现，从时间上来看，污染排放和经济增长的脱钩关系是不断变化的，逐渐向强脱钩状态靠近；从空间上来看，我国各个省份脱钩程度存在一定差异，大多地区实现了强脱钩，少数地区仍处于弱脱钩状态。同时发现经济发达地区和不发达地区需要针对其具体的脱钩情况实施不同的减排措施。孙耀华等（2011）选取了1998—2008年的相关数据，运用Tapio脱钩指标对中国30个省份的碳排放与经济增长二者之间的脱钩关系进行了测度，研究发现，我国绝大部分地区经济增长与碳排放二者之间呈现出弱脱钩状态。杨嵘等（2012）选取西部地区作为研究对象，首先应用脱钩理论，对1995—2010年西部地区的碳排放与经济增长特征进行分析，然后深入研究其驱动因素，进而构建碳排放模型。结果发现，在这15年间，除了1998—1999年为强脱钩，2003—2006年为扩张性负脱钩之外，1995—1997年、2000—2002年、2007—2010年均呈现为弱脱钩状态。盖美等（2014）以辽宁沿海经济带为例，通过弹性分析方法，解释了该地区碳排放同经济增长之间的演化趋势，并指出在辽宁沿海经济带存在的脱钩关系。结果表明，在2000年至2012年，辽宁沿海经济带各部分之间关系由扩张负性转为弱性脱钩，碳排放总量呈阶段性上升趋势，GDP呈平稳上升趋势。营口与盘锦呈扩张性负脱钩，大连呈扩张性联系，丹东与葫芦岛呈弱脱钩。与前期相比，各地区后期脱钩更为显著，脱钩程度的地区差异缩小。齐绍洲等（2015）选取1995年至2012年的18年的面板数据，探究中部六省的经济增长模式对区域碳排放的影响。结果表明，中部六省经济增长对能源消耗的依赖程度呈现倒U形特征，经济增长和碳排放二者之间存在长期均衡关系和EKC曲线特性，且碳排放EKC曲线逐渐趋于平缓。苑清敏等（2016）基于OECD脱钩理论，探讨了1998—2012年京津冀地区物流业发展与碳排放的脱钩关系。郭炳南等（2017）运用Tapio脱钩弹性指数法，对长三角地区各省市二氧化碳排放与经济增长脱钩关系和程度进行了深入分析，并分析了差异产生的原因。研究发现，从整体来看，长三角地区经济增长与二氧化碳排放之间的脱钩关系呈现出弱脱钩—扩张性连接—弱脱钩的波动特征；从各省市来看，江苏省、浙江省以及上海市的脱钩关系存在一定的差异，主要源于各省市经济质量、产业结构以及能源结构等方面的差异。滕飞等（2018）对1995年至2014年的吉林省、辽宁省和黑龙江省的二氧化碳排放量、能源消耗以及GDP进行了脱钩分析；陈芷君等（2018）通过Tapio解耦模型探索广东省1996—2015年土地利用碳排放和经济增长两者之间的关系，并分析广东省

1996—2015 年时空演变的相关趋势，以及形成这一趋势的原因。经过验证表明，1996—2015 年在广东省二者之间的脱钩状态逐渐由扩张性负脱钩转变为弱脱钩和强脱钩。马晓军（2019）截取了 2000—2016 年中国工业碳排放数据，并利用广义迪氏指数分解法（GDIM）和 DPSIR 框架，构建了脱钩理论模型，这一模型有效地测度了工业碳排放的脱钩效应，并得出结论：工业碳排放的脱钩效应呈现出"不脱钩—弱脱钩—强脱钩"这样的内在规律。周燕南（2020）选取我国 29 个省份为研究单位，基于 1990—2014 年的研究数据，通过脱钩指数研究经济增长与碳排放的动态耦合关系。研究结果表明，我国 29 个省份主要处于绝对脱钩、相对脱钩和扩张性负脱钩三种状态。但并非所有的省份都一样，不同省份经济发展与碳排放的耦合关系会跟随着时间的推移而演变。揭例等（2020）通过分析 2006—2017 年中国能源开采行业碳排放与 GDP 增长的关系，发现除 2008 年和 2014—2016 年呈现强脱钩，2009—2011 年呈现扩张性负脱钩外，其余时间均为表现出弱脱钩关系。

第二节　旅游碳排放研究综述

一、旅游碳排放概念

就产业属性而言，旅游业是一个可以影响多个产业的"部门"，而不是一个单纯的产业。旅游业与各国经济部门有着许多不同程度的联系和影响，具有明显的关联性和驱动力。如果从经济学的角度解释旅游业，旅游业的经济影响包括直接经济影响、间接经济影响和诱发经济影响。如果我们从不同学科的角度来看旅游业，它的系统边界就会变得模糊。这样的问题也存在旅游碳排放的测算中。确定旅游碳排放的边界一直是学术界的热门话题，旅游直接碳排放研究是对早期旅游碳排放的主要研究，包括对世界、国家、地区和目的地城市不同规模的旅游碳排放的测度。然而，对旅游、交通、住宿、活动、购物、餐饮、娱乐等方面的直接碳排放研究仍然十分有限。

从生命周期评价理论的角度来解读"旅游"，可以将其看作旅游者从出发地到目的地，再回到出发地的一种社会经济现象，包括食、住、行、游、购、娱等要素。在旅游过程中，游客的各个要素都需要涉及与旅游相关的物质载体。（如交通、宾馆、酒店、食物等），这些物质载体在生产和销售过程中都会产生碳排放。所以，从旅游与其他产业的关联度来看，旅游碳排放可分为旅游者碳排放、旅游碳排放和旅游经济碳排放。

Carlsson 等（1999 年）、Schafer 等（1999 年）和 Penner 等（1999 年）对旅行期间的能源消耗和碳排放进行了一些研究。Tamirisa 等（1997 年）使用投入—产出法评价了旅游目的地游客的能源需求。同时，关于旅游和能源的学术报告在中国并没有出现。在初步探索阶段，对某一旅游部门（如交通、住宿）的能源消耗的研究是旅游碳排放的主要研究方向，然而，针对旅游目的地和旅游业的能源消耗和碳排放的总体测算，还缺乏系统的研究。并且，在研究方法上还没有形成一个较为统一、科学的方法体系。进入 21 世纪后，学者们更加关注旅游碳排放的测量，相关成果在研究方法和内容上取得了重大突破，特别是在 2003 年和 2007 年世界贸易组织召开了两次气候变化和旅游业国际会议之后，旅游碳排放研究进入快速发展阶段。本阶段的研究内容主要是从旅游碳排放、游客碳排放和旅游过程碳排放的角度，对旅游碳排放进行定量研究。Gössling（2000）同合作伙伴在能源消耗与可持续旅游、旅游生态效率、可持续发展等方面进行研究的同时首次提出了系统分析旅游能耗的研究方法。Becken 等人（2001）自 2001 年以来，对以下四种类型与碳排放进行了一系列深入研究，涉及的相关类型有：住宿、航空旅行、旅游景点和活动以及旅游交通方式。研究得出衡量国家旅游碳排放是可持续旅游业的重要一步。针对法国、瑞士和其他国家旅游业的温室气体排放，Dubois 等（2006）、Nielsen 等（2010）对此进行了深入研究，此外，针对旅游业的碳排放量，一些发达国家（如新西兰）的相关部门也进行了部分统计工作。Liu 等（2011）选取四川 1999—2004 年的 50000 多名游客，根据 IPCC 报告介绍的方法计算旅游业的二氧化碳排放量。然后，通过分解分析确定导致碳排放量变化的关键因素是交通运输。Bhuiyan 等（2012）选取马来西亚东海岸 Sekayu 休闲森林的旅游碳排放量作为研究对象，在仅考虑运输部分的碳排放的基础上，研究结果表明：公共汽车和摩托车的碳排放量比小型车（紧凑型）和大型车（家庭型）低。Lee

J W 等（2013）根据 1988 年至 2009 年间欧盟国家的面板数据，进行单位根和协整检验，发现旅游业与碳排放之间呈现显著的负相关。Basarir C（2015）调查 1995 年至 2010 年土耳其、法国、西班牙、意大利和希腊的旅游、金融发展、能源消耗和碳排放之间的偶然关系。根据研究结果，游客人数增加 1%，二氧化碳排放量将减少 0.11%。随着研究的深入，关于旅游碳排放的研究逐渐细化，角度也逐渐多样化。Robaina（2016）细化到影响葡萄牙旅游碳排放的主要因素以及相关的子因素。Meng W 等（2016）提供了一个自上而下的框架来衡量全国旅游业的二氧化碳排放量。Zha Jianping（2017）采用游客消减系数法建立了旅游碳排放评价模型，估算旅游碳排放及影响碳排放强度的影响因素。Tugcu C T 等（2018）研究了碳排放的排放源对旅游业产生的影响。Anser M K（2020）发现碳排放对于旅游业的可持续发展有着不可忽视的损害。对比来看，在中国对旅游碳排放的研究并不尽如人意。关于旅游碳排放的研究报告迟迟没有发布，直到 2008 年才逐渐出现。2009 年，知网上才有了第一篇关于旅游和低碳的文章。2011 年之前的几乎所有文章都是定向研究。近些年来，旅游业的碳排放问题已慢慢变成我国学者所关注的焦点，截至 2020 年 8 月，通过中国知网检索，已经发现 183 篇文献与旅游碳排放直接相关。

使用 CiteSpace 对这 183 份文档的关键词进行分析，通过 LLR 算法得出关键词的聚类网络图，如图 2-1 所示。图中显示了 "CO_2 排放""新内涵""低碳经济""碳排放""旅游碳排放"等 13 个聚类，反映了国内旅游碳排放研究的热点。

焦庚英等（2012）以江西省为例，分析了该省旅游能源消耗和二氧化碳排放总量的趋势和空间分布特征。谢园方等（2012）证明长三角地区旅游碳排放总量持续上升，且与旅游业总收入成正相关，并对我国碳排放计量开展测度，探讨了国际经验是否在中国旅游碳排放计量中同样适用。陶玉国等（2014）将江苏省作为案例，计算了该省旅游业的碳排放总量，其中包括直接碳排放和间接碳排放。发现旅游业的碳排放总量相对增长较快，且在各行业分布较为均匀，其中大部分来自间接层面。秦耀臣等（2015）以将开封市作为案例，分析了城市旅游及相关部门的碳排放。发现不同类型游客的人均碳排放量存在较大差异。且在旅游业各部门中，碳排放量和直接碳排放量的比例存在很大差异。

针对 30 个省（市、自治区），潘志强等（2016）从时间和空间两个角度出发，分析了 2005—2014 年这些地区碳排放总量与碳排放强度的时空动态关系，发现了影响中国旅游碳排放的重要因素。近年来，旅游碳排放研究主要集中在其影响因素上（查建平等，2017；王凯等，2017；宋权礼等，2018；谭华云等，2018；王景波，2019；黄和平等，2019）和时空分布上（李强谊，2017；王凯等，2018，2019；徐琼等，2019）。

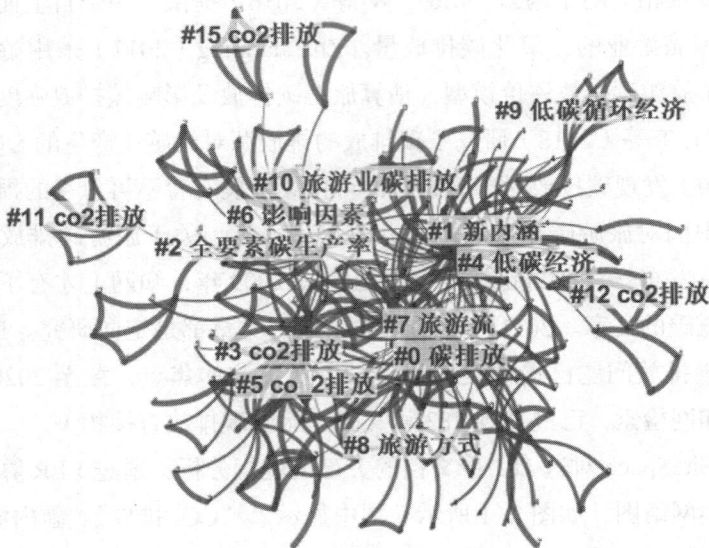

图 2-1 关键词聚类网络图谱

在旅游活动过程中可能会产生直接碳排放与间接碳排放，关于旅游者碳排放是指旅游者在旅游活动过程中所产生的直接碳排放量。其中直接碳排放主要包括餐饮、住宿、交通等相关设施、设备、建筑的生产制造过程中产生碳排放；间接碳排放主要是指为游客提供购物和娱乐服务的工业部门、机构和组织运营过程中产生的碳排放。有关旅游经济的碳排放，包括旅游业正常经营所涉及的旅游物资载体的生产、制造和分销，以及旅游管理部门及服务于旅游业的第一、第二和第三产业产生的间接碳排放。

现有研究大多从旅游者的角度出发，认为旅游碳排放是指旅游者从旅游出发地到目的地再回到旅游出发地的整个生命周期的循环过程中，涉及吃、住宿、交通、游玩、购物、娱乐等环节直接产生的碳排放，而不包括旅游物资及载体的生产、制造和配送过程中产生的间接碳排放，也不包括旅游管理部门为正常运营而产生的间接碳排放。本质上认为旅游碳排放是旅游者的碳排放。

本书认为，旅游业活动进行中直接及间接产生的二氧化碳量的估算值，即是旅游碳排放。因此，本书试图从行业新视角出发，采用自下而上的测度方法体系以及自上而下的计算方法研究旅游碳排放，同时借鉴旅游消费剥离系数法，构建基于地方经济统计年鉴的旅游碳排放测算平台，提供一条综合测度旅游碳排放、避免碳泄漏的新思路。

二、旅游碳排放测度

（一）旅游碳排放测度方法研究

旅游碳排放的测度一直是区域旅游碳排放研究的重点。旅游碳排放研究涉及生态学、资源科学、旅游、地理学等多个领域，研究方法也多种多样。旅游碳排放研究主要集中在能源需求与碳排放的结构路径、碳排放的定量计算与预测、旅游业节能减排措施等方面。主要测度在不同时空尺度的载体上以产业与部门为主，以游客群体为次，在层面上分为直接和间接。现有研究的基础是碳排放测量，但目前研究仍无法通过系统的方法对碳排放进行测量，主要是通过定量分析的方法，定性分析的研究相对较少。根据现有文献主要的定量方法有：自上而下法（Gössling，2002；Howitt 等，2010；程占红等，2015；王凯等，2016；李强谊等，2017）、自下而上法（Becken 等，2006；韩元军等，2016；孙燕燕，2020）、情景分析法（Peeter 等，2006；钟永德，2014）、生命周期评价法（LCA）（Viachaslau 等，2011），其中自上而下法和自下而上法是当前旅游碳排放测量的两种基本应用思路，是测量比较广泛应用的方法。

（二）自上而下测度方法

自上而下法通常需要国家或地区能源消耗数据和二氧化碳排放数据，以便估算一个国家或地区的旅游能源消耗和排放之比。因此，在实际应用中，这种方法一般与旅游卫星账户（TSA）和国民经济核算账户相结合。在现有国民账户之外建立一个虚拟的附属账户，这个虚拟账户就称为旅游卫星账户（TSA），它通过把与旅游消费相关的旅游消费产出剥离，放置在这个虚拟账户中，以准确衡量旅游对国内生产总值的贡献。

1. 国外相关研究

Becken&Patterson（2006）、Dubois 等（2006）以及 Nielsen 等（2009）最早运用自上而下的方法，分别测算了新西兰、法国以及瑞士某一年旅游业的碳排放，并指出了占全国总排放的百分比。其中，Nielsen 对自上而下方法进行了较为详细的介绍和描述。尼尔森（Nielsen）（2009）基于贝肯和帕特森（2006）对新西兰旅游碳排放的研究，根据瑞士旅游业的发展情况调整了旅游产业碳排放的计算方法，测算了1998年的瑞士旅游碳排放量。Meng 等（2016）通过自上而下的框架衡量全国旅游业的碳排放量，2010 年旅游业的碳排放量为 208.4Mt，占总量的 2.447%。Wei Qing 等（2017）运用自上而下的方法结合旅游卫星账户和生产性行业的投入产出模型来测量全国旅游业二氧化碳排放量，发现中国旅游业 2002 年、2005 年、2007 年和 2010 年的碳排放总量分别为 111.49Mt、141.88Mt、169.76Mt 和 208.4Mt，分别占我国所有行业总碳排放量的 2.489%、2.425%、2.439% 和 2.447%，并且除交通运输部门外，在余下的旅游部门中，直接碳排放量占间接碳排放量 1/4~1/3，但与制造业相比，旅游业仍是一个低污染、低能耗的产业。

2. 国内相关研究

相比国外学者对自上而下测度方法的研究，我国学者对此研究较少，开展的时间也较晚。近年来，因为需要对旅游碳排放进行研究，我国一些学者结合我国实情，对旅游碳排放的测度方法也进行了进一步的探讨。钟永德等（2012）认为，想要了解旅游对气候的影响，第一步要计量旅游业的碳排放。于是在对国内外研究比较分析的基础上，对碳排放测量中的三个重要问题进行研究：包括测度边界、测度理论和方法以及测量参数。陶玉国等（2014）基于三年的投入产出数据以及旅游终端收入，计算了江苏省旅游碳排放总量，涵盖了直接碳排放和间接碳排放，并发现旅游碳排放增长的主要驱动力是消费水平的不断提高以及旅游规模的不断扩大，而对碳排放有一定的抑制作用的因素是能源结构的调整和强度的降低。钟永德等（2014，2015）认为，旅游业要想节能减排，首要的也是关键一点就是测量旅游业的碳排放。于是基于国民经济核算体系、旅游卫星账户、环境经济综合核算等计量技术，旅游碳排放自上而下的计量体系诞生了。秦耀臣等（2015）以开封市为例对城市旅游业及相关部门的碳排放进行分析，研究表明，GDP碳排放强度高于城市旅游碳排放强度，得出结论：旅游业虽然不是"无烟产业"，但可以称之为"低碳产业"，积极发展旅游业对城市节能减排有重要作用。黄和平（2019）采用自上而下法测算长江经济带11个省（市）旅游碳排放量。马继等（2019）同样运用自上而下的计量方法来衡量入境旅游的碳排放量。研究发现，中国的入境旅游碳排放量在2001—2015年呈上升趋势，基本符合旅游经济增长趋势。入境旅游业的碳排放部门存在明显差异。其中，长途运输部门的碳排放量最大，且长途运输和住宿属于高收入高碳排放行业，商品销售属于高收入低碳排放行业。

综合而言，自上而下的方法利用综合环境经济核算数据和全国平均能源利用数据，从宏观角度衡量旅游业的能源消耗和碳排放。在环境经济核算系统相对完善的国家，通过旅游卫星账户测算旅游碳排放十分方便。经济核算体系不完善的国家，则可以结合旅游统计和国民经济核算来获取数据和信息。虽然这种估算方法省去了研究开始时复杂的数据统计过程，但是它需要相对完善的旅游统计体系和环境经济核算体系来保证测算方法的顺利展开，对目前我国统计体系提出了较高的要求。旅游碳排放计量相较于与其他行业，具有非一般的特殊性。旅游业涉及多个行业，产业链冗长，需要建立较为完善的统计体系。相比国外学者的研究，我国学者对此的研究较少，但我国学者并没有停止这方面的探索，而且近几年加快了在此方面的研究步伐，这表明我国学者对当前旅游碳排放测度方法并没有形成一致认识，大家都在积极探索一种适合我国国情的测度方法，以更好评价我国旅游碳排放的现状与特征。

（三）自下而上测度方法

自下而上主要是从游客的相关数据着手，然后一级一级向上统计能源消耗与碳排放量。在进行旅游业能源利用和碳排放研究的早期阶段，由于缺乏完备的统计资料，自下而上法是一种较为有效的手段。通过实地调研和问卷调查，可以有效获取相关信息和数据，虽然这样获得的数据可能缺乏权威性，但对于旅游碳排放的测度依然很有意义。一般来说，在利用自下而上法研究的过程中，问卷调查需要针对不同研究对象展开。首先要进行对象分类，然后从不同类别中选择各组别的代表样本，对这些代表样本进行问卷调查，最终获得具有代表性的统计数据。

1. 国外相关研究

第一位提出通过系统分析的方法研究旅游业能源消耗的学者是 Gössling，他的主要研究方向是旅游业住宿和交通的碳排放。通过对多位学者在不同时期研究成果的梳理，Gössling 测算出了不同类型旅游住宿设施的能耗与碳排放。自 2001 年以来，Becken 等（2001）通过对旅游各方面的能耗与碳排量放的系列研究，提出实现可持续发展的主要环节是国家旅游碳排放的测量。Becken 等（2002）根据旅游景点和旅游活动的分类体系，通过实证的研究方法调查了新西兰旅游商业部门在 2000 年冬季的能耗状况，发现航空旅游活动消耗与旅游吸引物类型中的建筑类能源消耗差异较大，航空类的活动消耗大量的能源，每位游客每次活动为 424.3MJ，而建筑类的活动能源消耗就很小，每位游客每次活动仅为 3.5MJ。Becken 等（2003）发现新西兰旅游总能耗的 65%~73% 是旅游交通能耗。2006 年，Becken & Patterson 通过对新西兰旅游业的碳排放量的衡量，系统介绍了自下而上方法的具体使用。在研究中，他们分别通过对旅游业以及旅游者进行梳理，构建了旅游碳排放模型。一方面，对旅游业进行梳理分类，将旅游业分为三类——交通、住宿、旅游景点和活动，又进一步将这三类细分为若干小类，然后分别测量出每个小类的能源强度和二氧化碳排放系数。另一方面，根据旅游行业的分类，对游客进行分类。他们从新西兰国际和国内旅游研究中获取了相关信息，最后结合这两个方面的数据，得到了整个旅游行业的大致碳排放量。

2. 国内相关研究

自下而上的方法在我国学者对旅游碳排放的测度中运用更多，并且大多通过案例来研究，即利用该方法对某一目的地进行碳排放量测度。石培华等是我国最早开展旅游碳排放测度研究的学者，他们采用自下而上法，借鉴国际已有相关研究方法和结论，计算出中国旅游业在 2008 年的二氧化碳排放量为 51.34Mt。相比全球旅游碳排放占总排放量 5% 的比例，我国总的碳排放量远远低于全球的总碳排放量。袁宇杰（2013）在前人研究基础上通过测算得出 2007 年中国旅游业的间接碳排放，通过换算得出二氧化碳排放量约为 162.84Mt，在间接碳排放总量中占比为 2.93%，是间接碳排放的重要组成部分。此外，其他一些学者也对省域或市域旅游碳排放测度进行了相关研究。陶玉国（2011）通过测算得出 2009 年江苏省的旅游碳排放量为 3.7Mt CO_2，占江苏省碳排放总量的 0.55%。王立国等（2011）以江西省为研究对象，对江西省 2007 年旅游碳排放总量进行了测算，为 3.79~3.96Mt CO_2，在江西省碳排放总量中占比为 3.82%~3.99%，由此可见，江西省旅游业碳排放是其碳排放重要方面。王怀採（2010）以张家界市为研究对象，计算得出 2008 年张家界市旅游碳足迹总量约为 6686t CO_2。与上述研究的静态视角不同，Liu 等（2011）以成都市为研究对象，从成都市 1999—2004 年的动态视角出发进行旅游业碳排放测算，研究发现，成都市旅游业的二氧化碳排放量从 1999 年的 1738289.04t 增长到 2004 年的 2110870.71t，呈现出增长趋势。黄玉菲等（2012）以旅游业发展较好的云南丽江市为研究区域，研究游客 2011 年在此地的碳足迹，通过对相关数据的分析验证发现，丽江旅游碳足迹总量约为 1.646191Mt CO_2。谢园方等（2012）选取长江三角洲区域作为研究对象，截取了 2005—2008 年 4 年间的旅游业相关面板数据，运用统计学相关知识和理论对该区域碳排放进行测算，从而得出长江三角洲区域 4 年间的旅游业碳排放，分别为 47.4313Mt、54.6099Mt、63.0976Mt 和 66.6925Mt，呈现出增长趋势。与此同时，谢园方等针对长江三角洲区域旅游业碳排放的测算，着重研究了其中江苏省、浙江省和上海市三个地区的旅游碳排放，对经济发达地区的旅游碳排放情况有了直观的了解。郝雅玲等（2015）利用定性分析与定量分析相结合的方法，采用自下而上法，对西安市包括交通、住宿、餐饮、游览、娱乐在内的 5 个方面进行研究，发现 2000—2013 年期间游客在旅游中留下的碳足迹中交通碳排放居首位。胡欢等（2016）以江苏省为研究对象，选取了江苏省 2001—2013 年的相关数据，分别从其旅游交通、旅游住宿、旅游活动三个方面测算了旅游业的碳排放，从而加总得到江苏省不同年份的旅游碳排放总量。该研究主要采用自下而上的方法，研究了碳排放的变化特征，结果表明旅游交通碳排放量占旅游碳排放总量的各年平均值约为 79.20%，旅游住宿为 16.10%，旅游活动为 4.70%。王凯等（2017）同样采用了自下而上的碳排放计算方法，对 1995—2014 年中国各区域旅游碳排放量进行测算，并且试图分析中国不同区域旅游业碳排放的变化特征。研究结果表明，东部地区旅游业二氧化碳排放总量将提高 0.239%，而中部地区仅提高 0.013%。田红等（2018）聚焦山东省旅游业，截取其 2000—2015 年 15 年跨度的相关数据，根据前人的研究引用自下而上法对以上数据进行统计测算，并采用系统聚类法分类分析得出 2000—2015 年山东省旅游业累积碳排放总量为 4764.05 万吨，并且分析了不同部门在累计碳排放总量中的占比情况，其中，旅游交通占比为 66.52%，旅游住宿占比为 25.80%，旅游活动占比为 7.68%，由此可见，旅游交通碳排放是旅游业碳排放的主要部门，其次是旅游住宿，最后是旅游活动。王琦（2018）利用自下而上法建立了旅游碳排放的测算模型，以新疆为研究对象，针对新疆旅游业不同年限的二氧化碳排放量进行测算，发现新疆旅游产业二氧化碳排放量呈现逐年上升趋势。刘军等（2019）主要选取中国 2000—2013 年的相关数据，使用自下而上的方法，测算出中国旅游碳排放量数据，并且针对旅游交通、旅游住宿与游憩活动的碳排放进行了具体分析。研究发现，从整体上看，中国旅游碳排放总量由 2000 年的 1202.71 万吨增加到 2013 年的 4151.57 万吨，这一期间中国旅游业碳排放呈现快速增长的趋势；从三个不同部门上看，三个领域之间的碳排放差异较大，其中旅游交通占比最大。

综上所述，对于旅游业而言，自下而上方法的研究成果比自上而下方法的更多且更分散。这种方法的思路是，将旅游业分成旅游产业与旅游者两个组成部分，然后进一步将二者分解成更多的研究系统模型，从而逐级对旅游业碳排放进行测算，因此，这种方法的测算需要大量相关数据和信息，针对不同部分对其能源消耗与碳排放进行分析。由此可见，实证分析和问卷调查成为获取相关信息的主要来源，也是该方法测算旅游业碳排放的重要步骤。因此，该方法的关键内容在于科学合理地确定旅游业各子系统的边界，并且保证所获取信息的信度，从而实现旅游业碳排放测算的有效性和科学性。这种方法的优点是：可以根据旅游产业部门和旅游者属性进行分类，然后针对不同部门和不同类别的旅游者对其能源效率与碳排放情况进行测算，从而有利于提出具有聚焦性的碳减排措施，为旅游行业中各部门的节能减排提供相应的对策建议，做到具体部门具体分析。然而，该方法也存在一定的不足之处，主要是：由于目前国际上并没有统一标准进行规范，旅游业各子系统的行为边界无法确定，并且这一边界的确定易受研究人员主观性影响。我国学者对这种方法的研究主要是方法应用的案例研究，缺乏对此方法体系的进一步探索。

三、区域旅游碳排放测度

区域旅游碳排放测度是开展旅游碳排放后续相关研究重要基础，只有对旅游碳排放展开了准确测度，才能够针对区域旅游碳排放的影响因素、与经济增长的关系等方面展开深入研究和探讨。由此可见，区域旅游碳排放测度是第一步，也是关键环节，其相关科学研究将有助于推动整个区域旅游业的绿色生态建设，并且能够有效地促进节能减排和环境保护的实施。WTO 和 UNEP（2008）的研究表明：2005 年全球旅游业温室气体排放总量约为 1302 Mt，约占全球总排放量的 4.9%。其中，航空交通方式约占 40%，汽车交通方式约占 32%，其他交通方式约占 3%，旅游住宿约占 21%，旅游活动约占 4%，由此可见，旅游交通依旧是旅游业碳排放的重要来源。WTO（2008）还进行了不确定性分析：这一估算存在着 25% 的误差，估算值在 3.9%~6% 的区间内浮动。Peeters（2007）研究发现，发达国家、地区或经济体，其旅游业所产生的温室气体占该地区总碳排放量的比重较大，为 8%~10%，是全球平均水平的 2 倍，由此可见，发达地区或国家仍然是全球温室气体排放的重要来源，也是全球气候变化的重要原因之一。Gössling（2008）以瑞典为研究对象，针对其旅游业温室气体排放进行了研究。研究发现，在 2005 年这一时间点上，瑞典旅游业的温室气体排放达到了 6.033Mt CO_2，约占全国总排放的 11%，也是瑞典碳排放的重要来源。同时，基于这一研究，作者预测到 2020 年，瑞典的旅游碳排放量所占总比例仍将持续提高，这一比例极有可能增加至 16%，加剧瑞典全国碳排放总量。Smith 和 Rodger（2009）以新西兰为研究对象，将研究聚焦于航空交通，测算了 2005 年新西兰航空旅游者产生的碳排放量，总量达到 7.9Mt CO_2，约占当年新西兰总温室气体排放的 10.23%，旅游交通对旅游业碳排放的贡献巨大。Dwyer 等（2010）结合使用生产法和支出法，以澳大利亚为研究对象，对其旅游业碳排放进行测度研究。研究结果显示，2003—2004 年澳大利亚旅游业两年间的碳足迹为 54.4~61.5Mt CO_2，占全国总排放的 9.80%~11.08%（取决于统计口径，根据国际统计资料计算）。Cadarso Vecina 等（2011）以西班牙为研究对象，对其旅游碳排放的测算展开针对性研究，研究结果显示，在 1995 年、2000 年和 2005 年三个时间点上，西班牙旅游部门产生的直接和间接碳排放，分别为 33.774Mt CO_2、35.629Mt CO_2 和 38.72Mt CO_2，且呈现出增长趋势。同时，其研究还发现，西班牙旅游业直接和间接碳排放在全国所有经济活动总排放中所占的比重是在下降的，从 1995 年的 16.2% 下降到 2005 年的 14.3%，与西班牙旅游业碳排放增长的趋势有所不同。Bruijn（2013）以荷兰为研究对象，针对其多年的旅游总碳足迹进行研究，研究结果显示，2002 年、2005 年以及 2008—2012 年，荷兰度假旅游的总碳足迹从 12.8Mt 增加到 15.4Mt，占荷兰当年总排放的 7.3%~9.3%，且呈现出轻微上升的趋势。Sun（2014）在梳理相关研究的基础上，借鉴研究中对不同国家旅游业碳排放的测算研究，选择台湾为研究对象，对台湾旅游业碳排放进行了测度，研究结果显示，台湾地区的旅游业碳排放主要集中于地区内的旅游业、航空交通以及进出口商品等方面，各方面碳排放占比分别为 47%、28% 和 25%。Cadarso 等（2015）则利用投入产出模型，对西班牙 1995—2007 年的旅游碳排放进行了测算，研究发现，2007 年西班牙旅游业的碳排放占到总碳排放的 10.6%，由此可见，西班牙旅游业碳排放是全国总碳排放的重要组成部分。

然而并不是所有的研究结论都是支持这一判断的。例如，Becken 和 Patterson（2006）分别采用自下而上和自上而下的方法，计算出 2000 年新西兰旅游业的碳排放量分别为 1.549Mt CO_2 和 1.438Mt CO_2，分别占全国二氧化碳排放总量的 5.0% 或 4.65%。Becken（2009）在此基础上，对 2007 年新西兰国内旅游业的碳足迹进行了计算，约为 1.9Mt CO_2，约占全国总排放量的 5.2%。尼尔森等（2009）采用自下而上和自上而下两种方法，对瑞士 1998 年旅游业的碳排放量进行了测算，两种方法的测算结果分别为 2.29Mt CO_2 和 2.62Mt CO_2，分别约占瑞士全国总排放量的 5.2% 和 5.95%，二者的差距不算太大。Sun（2014）利用两种方法，以我国台湾地区 2007 年旅游业为研究对象，研究发现，台湾地区的旅游直接碳排放和全生命周期排放分别为 8.11Mt CO_2 和 14.69Mt CO_2，分别约占台湾 2007 年总排放量的 3.08% 和 5.59%。Jones&Munday（2007）测算得出 2000 年英国威尔士旅游消费的碳足迹为 1.4625Mt CO_2，占该地区二氧化碳排放总量的 3.15%。他们之后继续采用相同的方法，测试了 2003 年威尔士的旅游消费碳足迹，研究结果显示，旅游直接碳足迹约为 0.4205Mt CO_2，旅游间接碳足迹约为 0.7503Mt CO_2，而全生命周期碳足迹约为 1.1708Mt CO_2。

他们也对碳排放强度进行了测算，结果约为 758tCO_2/百万英镑和每千人次碳足迹为 20.72t CO_2，而每千人天的旅游者碳足迹约为 12.72t CO_2。

前面提到气候环境变化对旅游业有着重要的影响，特别是一些如马尔代夫这样的特定岛屿国家和地区，它们经济发展严重依赖旅游业，并且由于地理环境容易遭受气候变化威胁。相关研究显示，马尔代夫 2009 年全国的碳排放总量约为 1.3Mt CO_2（这里的数据并未包括国际航空排放），其中旅游业贡献的比例达 36%（0.47Mt CO_2）。如果我们将国际航空排放纳入其中的话，估计全国的总排放还得再翻一番，达到约 2.6Mt CO_2，而旅游业的碳排放将达 1.77Mt CO_2，贡献比例高达 68%，当然，这些国家和地区属于个例。Gössling（2012）选取了 14 个加勒比国家，其中包括了安圭拉、巴巴多斯、多米尼加和格林纳达，估算这些国家的旅游碳排放量占该国总排放量的比例。Kuo 等（2009）截取澎湖岛的数据进行研究，计算出澎湖岛游客的碳足迹为 109394g CO_2/人。肖建宏等（2011）以舟山群岛的数据进行研究，估算了舟山群岛 2009 年游客旅游过程的碳足迹，估算结果约为 376587.8606t CO_2。Cordava-Vallejo（2012）截取了加拉帕戈斯群岛的数据进行研究，计算出加拉帕戈斯群岛旅游业的碳足迹为 532373t CO_2。何彪等（2014）测算了 2012 年海南省旅游业的能源消耗量，约占海南省能源消耗总量的比例为 2.98%。田宏等（2018）对山东省 2000 年至 2015 年旅游业的碳排放量进行定量估算，山东省旅游业累计碳排放总量为 47605 万吨，其中旅游交通、旅游住宿、旅游活动分别占比约为 66.52%、25.80%、7.68%。

四、旅游业各部门碳排放测度研究

（一）旅游交通

Becke 等（2003）以新西兰为研究对象，特别对旅游交通进行重点研究，研究结果发现，新西兰旅游交通能源消耗量占全国旅游能源消耗总量比例为 65%~73%。Nielsen 等（2010）以瑞士为研究对象，研究发现瑞士 1998 年旅游交通排放温室气体约 2.548t CO_2，占瑞士旅游业温室气体排放总量的比重为 87%，且不同出行方式对旅游能源消耗和碳排放的影响不一样。Al-Mulali 等（2015）对 48 个顶级国际旅游目的地进行统计分析，研究旅游业可达性对交通运输部门二氧化碳排放的影响，结果表明，除了欧洲国家以外，旅游业可达性在所有选定国家中都对碳排放有重大影响。Xue F 等（2019）分析了中国旅游交通碳足迹与旅游经济增长之间的动态关系。结果表明：长期的正均衡关系存在于国内和国际旅游收入与旅游交通碳足迹之间。Yang L 等（2020）以江苏省旅游景区的碳足迹和生态效益价值为例，根据江苏 2013—2017 年度的数据，计算出了碳足迹和生态效益价值。结果表明，江苏省旅游景区碳足迹逐年增加，其中交通碳足迹所占比例最大为 60%。

肖潇等（2012）以九寨沟、西安碑林博物馆、南京珍珠泉等景区为研究对象，估算了该区域在 2010 年的交通碳排放量，并得出结论：平均旅游距离不同的景区交通碳排放空间结构存在明显差异。包战雄等（2012）选取具有不同游客吸引半径的福州国家森林公园、太姥山山岳景区和武夷山风景名胜区作为研究对象，通过对旅游交通的问卷调查，探究了国内不同景区旅游交通碳排放的基本情况。研究表明，随着旅游景点吸引半径的增加，人均碳排放量显著增加，而人均出行距离的增加是人均碳排放量增加的最重要因素。因此，减少长途旅行的次数和飞机的班次，是减少景区碳排放的重要途径。魏艳旭等（2012）依据我国交通客运周转量时间和截面数据，根据旅游者在客运量中所占比重，对我国旅游交通碳排放做了初步测算，并做了空间异质性分析。陶玉国等（2015）对区域旅游交通碳排放测度进行了研究，利用实地调查数据和模型方法，设置各种交通方式的距离系数，并根据区域条件确定碳排放系数。王佳等（2016）从交通运输方式角度出发，测算了河南旅游交通碳排放量，分析了影响旅游交通碳排放的相关因素。杨曦等（2017）针对重庆武隆世界遗产地旅游交通碳排放量展开研究，发现遗产地碳排放增加的重要原因是旅游产业规模效应和交通结构的影响，而碳排放减少的主要因素则是距离等因素。马慧强等（2019）测度了 2004—2015 年山西省铁路、公路、民航等旅游交通碳排放量，发现山西省铁路旅游交通碳排放的平均增长速率为 6.72%，公路旅游交通碳排放的平均增长率为 3.64%，民航旅游交通碳排放的平均增长率为 3.69%。孙燕燕（2020）对上海市 1997—2017 年旅游碳排放量进行了测算，研究结果显示旅游交通、旅游住宿和旅游活动的碳排放量年均增长率分别为 13.36%、4.16%、8.67%，上海市旅游交通碳排放占整个行业碳排放量的 95% 以上，是旅游碳排放的主要贡献者，且远远高于全国水平。

（二）旅游住宿

旅游碳排放的主要组成部分中包含旅游住宿的碳排放。水、气、电的消耗是酒店的主要能耗，因此按照一定的换算系数，可以将酒店每年的水、电、气消耗量转化为酒店的年能耗，且换算系数受不同国家和地区差异的影响。Gössling（2002）通过整理多位学者不同类型酒店能源消耗的研究成果，在估算全球酒店业的能源消耗时，测算出不同类型住宿设施的能耗量和二氧化碳排放量：以平均单位能耗为130MJ/（床·夜），测算出全球住宿总能耗为507.9PJ和二氧化碳的总排放量为80.5Mt。尼尔森等人（2010）统计出1998年瑞士旅游住宿的温室气体排放量为274000t，其中，二氧化碳占旅游温室气体排放总量的比例约为10%。Pu等（2010）以新加坡为研究对象，通过对29家星级酒店（数据包括三星级、四星级和五星级）的能源消耗数据分析，建立回归分析模型测算能源强度，测算了酒店的直接和间接能源强度，结果显示，间接碳排放占碳排放总量的比例约为92.96%。Beccali（2011）以意大利为研究对象，从分级管理视角分析测算出意大利西西里大区不同等级酒店的碳排放占该区旅游住宿碳排放总值的比例约为94%。Lai等（2012）以我国香港地区为研究对象，从碳监管方面出发，提出全球针对酒店业碳排放的审计成果仍不成熟，得出香港地区酒店每间客房每天审计的结果约为31.07kg CO_2，略低于美国。Lain等（2015）研究我国香港地区3家典型酒店的碳足迹，证明电力消耗是碳排放的主要来源。Gössling等（2016）提出，住宿业的碳排放占全球旅游碳排放的21%，在旅游业中是仅次于交通的第二大排放来源，而随着住宿业结构的变化，全球住宿业的能耗和碳排放在未来较长时间内还可能进一步增长。

周年兴（2013）在其研究中，以庐山风景区为例，对景区的碳源和碳汇进行了估算，发现景区最主要的碳源是旅游交通和旅游住宿两个方面，而且景区内部吸收了部分碳排放，因此庐山风景区可以从碳源和碳汇两个视角出发减少碳排放，一方面可以控制旅游交通碳排放、加强住宿管理、优化食物消费结构，另一方面可以充分挖掘庐山自身的碳汇潜力。黄琦等（2014，2015）认为我国酒店业面临节能减排和环境保护两大挑战，要想实现酒店业的低能耗和绿色发展，首先需要科学合理地测度酒店业的综合能耗。基于这一目标，黄崎等在借鉴国际通用方法的基础上，结合酒店业能源消耗的具体特点，采用分解分析法构建了酒店行业的综合能源消耗和碳排放评价模型，为酒店业碳排放提供了测量标准。同时根据上海等地区5年内的数据对哪些因素影响了酒店行业能源消耗进行了深入探究，有利于为酒店业碳减排提供正确方向。胡林林等（2015）主要针对旅游行业中的酒店业，对我国31个省份2000—2010年的旅游住宿碳排放量进行了估算，同时从时空动态演化和旅游住宿碳排放影响因素两个方面进行了深入分析。沈杨（2017）主要选取宁波三类酒店为研究案例，从生命周期的视角出发，构建了酒店行业的碳排放核算体系和低碳指标，一方面为酒店行业测度碳排放提供更完整的评价模型，另一方面为酒店业如何节能减排提供具体要求。此外，研究发现酒店行业碳排放中占比最大的是能源消费，各等级酒店中五星级酒店碳排放量最大，因此针对电力、热力等耗费量的减少是酒店业实现节能减排的重要手段。黄崎等（2017）以华东地区为研究案例地，借鉴IPCC和我国相关的酒店业综合能耗以及碳排放评价标准，对华东地区2009—2014年酒店业综合能耗和碳排放基准线进行测算，从而发现了酒店业节能减排的新方向。姚李忠等（2020）针对山岳型景区，主要采用能源消费账户法与碳足迹法测算了景区酒店近5年来能源消耗与碳排放情况，研究发现酒店能耗最多的部门主要是公共辅助部门，其中水电能耗占比最大。因此，景区酒店应转换思路，从相关辅助部门着手，关注如何减少水电消耗。

（三）旅游活动

在旅游碳排放中，除了旅游交通和住宿外，旅游活动的碳排放也是旅游碳排放研究中的重要方面之一。Nielsen等（2010）按照旅游文化、运动、娱乐三种活动分类，对瑞士1998年旅游活动带来的碳排放量进行测算，结果显示旅游活动碳排放占碳排放总量的比重较小，约占1%。Becken等（2002）根据旅游吸引物和旅游活动两方面的分类，对2000年新西兰旅游行业中多方面的能源消耗情况进行了深入研究，发现旅游活动中航空旅行的人均能源消耗最大，而旅游吸引物中建筑类吸引物能源消耗最小。Kuo等（2009）研究发现我国台湾地区各种旅游活动带来的能源消耗量和碳排放量是不同的，其中水上活动的人均碳排放量和历史遗址参观活动的人均碳排放量存在显著差异，因此，应针对具体的旅游活动展开碳排放测算。Li 等（2020）分析了江苏省旅游景区的概况，并收集了 2013—2017 年度的数据，计算出了碳足迹和生态效益价值。结果表明，江苏省旅游景区碳足迹逐年增加，其中交通碳足迹所占比例最大，为 60%。住宿的生态效益价值最高，其次是餐饮。

与国外此领域的研究相比，国内学者对旅游活动的碳排放研究较少，周年兴（2013）在其研究中，以庐山风景区为例，对景区的碳源和碳汇进行了估算，发现景区最主要的碳源是旅游交通和旅游住宿两个方面，而旅游活动碳排放占比较小，约为 1.07%。谢园方（2012）从旅游产业和旅游景区两个方面进行了碳排放的相关研究，探索了旅游景区碳排放的科学测度方法，形成了以系统构成和生命周期为主要内容的碳排放测度框架。同时选取典型案例地进行了实证研究，在研究过程中，作者发现对于旅游景区的碳排放测度应主要集中于景区发展中期，而发展前期和后期的碳排放测度存在一定困难。因此，谢园方进一步提出了在旅游景区规划过程中建设低碳景区，进而从源头实现景区节能减排的目标，为低碳景区建设提供了新方向和新思路。黄和平等（2019）以江西婺源篁岭为案例地，从生命周期和旅游碳足迹两个角度测度了景区中旅游交通、旅游娱购、旅游餐饮、旅游住宿的生态效率，并且针对篁岭景区碳排放的生命周期提出了节能减排的重要对策。

（四）旅游食物

在旅游过程中，游客免不了要品尝当地美食，也有游客是为了美食产生旅游动机。然而，目前有关旅游食物能源消耗和碳排放的相关研究还较少，一方面因为旅游食物能源消耗相关数据不易获取，另一方面旅游食物与日常生活中的食物消费难以区分。Gössling 等（2010）从旅游行业中的食物管理出发，探讨了如何通过食物管理减少旅游行业中食物消费产生的碳排放，为减少旅游碳排放提供了新思路。Nielsen 等（2010）通过研究发现瑞士 1998 年旅游食物和饮料的碳排放量在旅游碳排放中占比为 2%，是旅游碳排放的重要组成部分。

周年兴（2013）在其研究中，以庐山风景区为例，对景区的碳源和碳汇进行了估算，发现景区最主要的碳排放来源是旅游交通和旅游住宿，而旅游食物消费占比较小，约为10.65%，并且认为减少旅游食物碳排放主要从优化食物消费结构和提高食物加工技术等措施着手。张婷等（2015）采用投入—产出法作为主要研究方法，对旅游部门的间接碳排放量进行了分解，在测算碳排放的基础上剖析了碳排放的构成，研究发现，旅游碳排放主要由自给效应、反馈效应、自溢效应和溢出效应四大效应构成。根据进一步研究发现，旅游餐饮的自溢效应和反馈效应相比其他旅游部门更为显著，由此可见，针对旅游餐饮进行节能减排管理是减少旅游碳排放的重要手段之一。同时，研究中也强调要关注旅游餐饮与下游部门的关系，为如何从各方面减少旅游餐饮碳排放奠定基础。王志民（2016）以镇江"三山"景区为研究对象，从旅游碳排放构成和生命周期出发，构建了涵盖横向和纵向两个方面的碳排放测算体系，对景区旅游碳排放进行了估算，促使景区旅游碳排放测算更具有整体性和系统性。研究结果表明，食、住、行三方面的碳排放贡献较大，贡献率超过了90%，其中，餐饮碳排放占比为18.5%，仅次于住宿和交通。尧波等（2017）结合庐山地质公园的实际情况，选取了2005年和2010年两个时间点，对公园旅游业的交通、住宿、食物以及活动4个方面进行了碳排放估算，研究发现上述4个方面的碳排放量存在一定差异，其中，旅游交通碳排放量最大，其次是住宿，然后是食物和活动。

第三节　旅游碳排放影响因素研究综述

通过对现有文献的梳理，关于旅游碳排放的影响因素主要从宏观、微观以及技术制度复合视角进行研究（见表2-1）。具体而言，国外学者主要根据分解碳排放变化因素，将各因素作为碳排放变化的影响因素进行下一步研究，从而在众多因素中探索出碳排放变化的重要因素，同时考察这些因素是如何变化的。

表 2-1　国内外关于旅游碳排放影响因素研究情况

作者	影响因素选取
Baležentis 等	空间布局、能源强度
Robaina 等	旅游规模、能源结构、碳排放强度、能源强度
陶玉国等	游客规模、消费水平、能源结构、能源强度、旅游收入结构
王凯等	旅游接待人数、人均旅游收入、旅游业碳排放强度、旅游交通碳排放占比
潘植强等	经济产出、接待人数、行业结构、能源效率、能源结构
查建平等	社会经济发展水平、服务业发展水平、对外开放水平、区位条件、旅游资源禀赋、城市化水平
赵先超等	旅游能源强度、旅游收入结构、旅游消费水平、旅游人数规模、区域人口规模

　　Gössling 等（2007）主要聚焦于技术视角，从能源结构和能源强度两个方面，深入分析了两个变量对旅游碳排放量的作用。虽然部分企业有兴趣利用可再生能源优化能源结构和提高能源利用效率，但实际关注并不够。Liu 等（2011）以中国西部城市成都 1999—2004 年的 50000 多游客的旅游数据为基础，分析了游客消费水平、能源强度以及产业规模等相关因素对旅游碳排放的影响，在上述影响因素中，研究发现能源强度、支出规模和行业规模是碳排放增长的主要驱动力，而能源份额和消费结构对旅游业的增长影响不大。Baležentis 等（2012）则从微观视角出发，以旅游容量、游客停留时间以及农庄空间分布为主要因素，考察了这三个变量在立陶宛乡村旅游碳排放总量中的影响作用。Ram（2013）研究认为，因提高能源效率的措施很难弥补碳排放的增长，所以当前的旅游发展模式是不可持续的，未来的旅游碳减排必须依赖转变旅游交通运输的方式。Hergesell A 等（2013）以欧洲学生出游为例，利用 372 位受访者的调查数据，分析了交通的费用、耗时和便捷度对碳排放的影响。Robaina 等（2016）利用葡萄牙 2000—2008 年五大旅游部门数据分析了旅游规模、能源结构、碳排放强度和能源强度对碳排放的重要作用。Tang C 等（2017）选择武陵源风景名胜区（WSHIA）作为研究区域，从而分析旅游业生命周期中每个阶段的碳排放影响因素，使得因素研究更加细化。利用 Kayak 和

LMDI 方法的扩展常数方程，建立了旅游业能耗和二氧化碳排放量的模型。该模型可以更准确地分析不同影响因素，包括生命周期不同阶段的旅游目的地的旅游产业产出规模、游客规模、旅游部门结构、能源消耗结构和旅游业的能源效率。

相较而言，目前国内学者对于碳排放影响因素的相关研究还比较少，但也不乏少数学者对影响因素进行了初步分析，为今后更多的研究奠定了基础。陶玉国等（2014）根据 LMDI 方法将江苏省旅游碳排放分解成多个因素，主要包括能源强度、能源结构、游客规模、消费水平和旅游收入结构等效应，然后分析了各效应之间的相互关系，从而为江苏省入境旅游碳减排提供了新思路。由此可见，学者们虽然就影响因素展开了一定研究，但是研究案例地主要聚焦于单个地区，少有研究从国家整体出发探讨影响因素，这就造成旅游碳排放影响因素的不全面、不完整。基于此，之后的学者们逐渐将研究范围从单个地区向国家整体延伸，不断丰富了相关研究。王凯等（2016）从动态视角出发，以 1995—2014 年为时间范围，对这一期间我国各区域旅游业二氧化碳排放量进行测算，并且分析了整体的变化特征，同时对多个影响因素的变化特征进行了深入分析。此外，并基于 STIRPAT 模型对各区域不同影响因素带来的变化及其差异进行了分析。潘植强等（2016）根据交通运输、邮电、商业、餐饮、住宿以及社会服务这 6 个行业 2005—2014 年的数据，采用 LMDI 方法对我国旅游碳排放增加的原因进行分解，主要包括 2 个增量因子：经济产出因子（TEO）、接待人数因子（TP），3 个减量因子：行业结构因子（TIS）、能源效率因子（TEE）、能源结构因子（TES）。查建平等（2017）对 2005—2015 年中国省级旅游碳排放量进行了测算，发现各省之间旅游碳排放存在巨大差异。并以社会经济发展水平、服务业发展水平、对外开放水平、区位条件、旅游资源禀赋及城市化水平 6 个变量为主要因素探索各省旅游碳排放产生差异的原因，研究发现，6 个变量中，旅游资源禀赋的影响不是很明显，其余 5 个变量均能够积极正向影响旅游碳排放强度。赵先超等（2018）通过测算湖南省 2008—2014 年旅游碳排放数据，然后利用 LMDI 指数分解出湖南省旅游碳排放的影响因素，同时分析了各因素的作用机制，研究发现，旅游能源强度主要起负向作用，但旅游人数规模和旅游消费水平则主要起正向作用，而区域人口规模和旅游收入结构引起的驱动作用并不是十分明显。

第四节　旅游碳排放与旅游经济发展关系研究综述

从目前已有的研究来看，国内外学者分别聚焦于不同的角度，包括微观层面、宏观层面等。国外学者主要从微观层面进行研究，并且侧重于对碳排放的测度。Baležentis 等（2012）对立陶宛乡村旅游业的碳排放进行了研究，重点分析了能源强度、空间布局等相关因素对旅游碳排放的影响。相反，国内学者大多从宏观层面出发，考察了旅游经济增长与碳排放的内在关联，同时深入剖析了旅游碳排放的重要影响因子。近年来，越来越多的学者关注到两者之间的关系，对旅游碳排放和旅游经济增长的相关研究进一步深入了。Liu 等（2011）以 1997—2005 年的数据为基础，对成都旅游碳排放进行了测算，并且探讨了游客消费水平和能源结构对碳排放的影响，研究发现，前者表现出正向效应，后者则表现出负向效应。Lee J W 等（2013）以欧盟国家为研究对象，通过收集 1988—2009 年欧盟各国的相关数据，对其旅游、二氧化碳排放、经济增长和外国直接投资（FDI）之间的关系进行了分析和检验。研究结果显示，上述变量之间的长期均衡关系得到了验证。此外，旅游业、二氧化碳排放与经济增长之间存在相互关系。具体而言，经济增长显示出对二氧化碳排放的高度显著的积极影响，而旅游业对二氧化碳排放则产生了显著的负面影响。Paramati S R 等（2017）从动态视角出发，考察了发达国家和发展中国家旅游业、经济增长以及二氧化碳排放之间的相互关系，并且探讨了旅游业对国家经济增长和二氧化碳排放的影响，结果表明旅游业正向影响经济增长和二氧化碳排放，验证了旅游业促进经济增长、产生二氧化碳排放的假设。Anser 等（2020）对 1995 年至 2018 年的 132 个国家的数据分析，研究发现，碳排放减少了入境旅游和国际旅游收入，从而影响了各国之间国际旅游支出的增长。并且预计由于 2020—2028 年碳排放损害从 0.357% 增至 1.349%，入境旅游很可能从 19.546% 降至 16.854%。随后，通过将碳排放损害从 0.832% 增加到 1.025%，国际旅游支出将从 19.758% 减少到 12.384%。最后，由于一段时间内碳排放损害从 0.397% 降低到 0.113%，国际旅游收入随后将从 23.362% 下降到 18.197%。但李伯华等（2012）的研究认为二者对南岳作用截然相反，其原因可能在于地域与时间的不同。远萌（2012）以 1997—2010 年中国入境旅游相关数据进行分析，研究发现，有许多因素影响了入境旅游碳排放，且不同因素之间的影响存在一定差异。其中，入境旅游总人数、游客人均消费和能源消费强度对于入境旅游碳排放的贡献较大。胡林林等（2013）通过厘清江西省旅游碳排放特征及其人文影响因素，为旅游业的低碳发展和高质量发展提供了参考价值。研究结果显示，旅游交通是旅游碳排放的重要贡献来源，其次人口和 GDP 的不断增长也是导致旅游碳排放总量攀升的重要因素，因此提出了以提升区域技术水平减少旅游碳排放的建议。赵先超和朱翔（2013）选取湖南省作为案例研究地，采用自下而上的方法对湖南省旅游碳排放量进行了测算，同时基于脱钩理论，探讨了旅游碳排放与旅游经济发展的关系。研究发现，两者都处于不断增长的阶段，但前者的增速大于后者，因此湖南省旅游经济增长对于旅游业节能减排仍存在一定负向影响。陶玉国等（2014）研究认为旅游碳排放快速增长主要由于游客数量持续增加及其消费水平不断提高两个方面，而旅游碳排放减少主要由于能源强度下降和能源结构调整两个方面，其中能源强度下降带来的碳减排效应最为显著。由此可见，在旅游业碳减排过程中应以能源强度降低为主要手段。杨莎莎等（2014）则以桂林市为研究对象，检验了旅游碳排放与旅游经济之间的脱钩关系，研究结果发现，两者之间的关系主要以弱脱钩为主，即旅游经济增速高于旅游碳排放增速，并且就如何实现强脱钩提出了对策建议，一方面可以优化能源消耗结构，另一方面可以创新碳排放管理的技术。在以往研究的基础上，王凯等（2014）首先对我国旅游碳排放进行了测度和分解，其次结合序列平稳性检验、协整关系检验、因果关系检验以及脱钩分析等多种方法，探索了旅游碳排放与旅游经济增长间的内在关联，从而有利于学术界初步认识两者之间的相互关系。此后，越来越多的学者们采用更为丰富的研究方法对旅游碳排放和旅游经济增长之间的相互关系展开了讨论。张广海等（2015）采用 E-G 协整检验和格兰杰因果检验方法对山东省 1995—2011年旅游经济增长与碳排放之间的关系进行了研究，研究结果显示，三者之间存在长期均衡关系，同时对山东省旅游业、碳排放以及经济增长之间的内在联动关系进行了深入研究，发现旅游业发展一方面能够促进经济不断增长，对其具有显著的正向效应，但另一方面又抑制了碳排放的减少，一定程度上导致了碳排放的不断增加，对其具有负向影响。因此，要想实现地区经济绿色增长，必须充分发挥旅游业的重要作用。汤姿（2015）利用黑龙江省 1995—2011 年相关数据，采用自下而上运测算了黑龙江省 16 年间的旅游碳排放总量，然后结合脱钩理论，分析了旅游经济增长与碳排放之间的脱钩关系，同时探索了其脱钩关系的变化情况。研究发现，黑龙江省 16 年间两者的脱钩关系呈现弱脱钩、负脱钩、强脱钩三种类型的动态变化过程，同时结合发达国家脱钩指数的动态变化，指出旅游业低碳发展应充分考虑脱钩指数的动态变化情况。付德申、李方烈（2015）采月自下而上方法，以单个地区为研究对象，测算了其在旅游交通、住宿、活动三个部门的碳排放，研究发现，按照三个部门碳排放大小进行排序，其中旅游交通碳排放量最大。同时发现旅游人数增加带来的碳排放增长速度最快，由此可见，旅游经济的正向增长是旅游碳排放增加的重要原因。查建平等（2015）运用环境数据包络方法构建了两个分解模型，一个是旅游碳排放分解模型，另一个是旅游经济增长分解模型，从而分析了环境全要素生产率、资源要素投入、碳排放效应、旅游环境结构特质和旅游业结构效应对旅游碳排放和旅游经济增长的影响。同时利用相关年份数据对我国旅游业发展模式进行了评价研究，研究发现我国旅游产业发展模式长期具有高碳排放的特征，因此推动旅游业低碳发展势在必行。赵先超等（2017）主要采用了投入—产出法，聚焦于旅游投入和收入部门，对湖南省旅游碳排放进行了测算。在比基础上，对湖南省旅游碳排放的动态变化情况进行了深入分析，并且探讨了旅游业中不同部门的碳排放所占比重。相比较自下而上法，投入—产出法具有宏观性和系统性特点，能够从整体层面考察旅游碳排放量，同时更多地考虑了旅游行业中其他部门带来的碳排放，使得直接碳排放的计算更全面。赵先超等（2017）采用 Tapio 脱钩模型，分析了旅游经济增长与旅游业直接碳排放变动之间的脱钩关系，研究发现 2008—2014 年两者的脱钩关系在不断变化，缺乏稳定性，表现为弱脱钩和扩张性脱钩的未来趋势，强脱钩特征不明显，这也给湖南省旅游业低碳发展带来巨大的压力。马继等（2019）将旅游消费剥离系数和自上而下方法相结合，以入境旅游为研究对象，测度碳排放总量和各部门的碳排放，研究发现 2001—2015 年我国入境旅游碳排放总量相对稳定，没有大幅度增长，但是各部门入境旅游碳排放差异十分显著，交通部门碳排放占比最大，游览部门最小。在此基础上，利用 Tapio 脱钩模型探究了入境旅游碳排放量与旅游经济增长的关系，发现我国入境旅游经济增长与入境旅游碳排放量以弱脱钩为主要特征，前者对后者的影响较大，强脱钩特征也只出现在餐饮部门和娱乐部门。何彪等（2020）以海南省旅游为例，根据海南省多年数据进行了 EKC 假说检验，发现旅游经济与碳排放之间不存在倒 U 形关系。同时针对海南省旅游经济发展和碳排放之间的关系进行了检验，发现二者之间并不存在长期均衡关系，因此海南省旅游碳排放的减少难以通过内部发展得以实现，因此需要借助外部力量实现海南省旅游业节能减排。马丽君（2020）针对我国整体旅游业的情况，根据 2008—2017 年的数据对各省区在此期间的旅游碳排放量进行了测算，同时运用脱钩模型探索了旅游经济与碳排放之间的内在关联和相互关系，在一定程度上丰富了国家层面的相关研究成果。研究结果显示，我国旅游交通、旅游住宿和旅游活动产生的碳排放量呈现持续增长的特征，其中旅游住宿产生的碳排放总量变化较为稳定，这离不开酒店业节能减排措施的积极实施；大部分省区脱钩指数小于 0.8，且大多省份呈现弱脱钩状态，但是整体来看，脱钩指数呈现降低趋势，有可能实现强脱钩状态。

纵观现有研究，旅游经济增长和碳排放之间关系及其影响因素的研究大多以脱钩模型为基础。一般而言，脱钩是指经济发展到一定阶段之后，经济增长不再以高能耗和高碳排放等为代价，而是可能会呈现经济增长而能源消耗下降的状态，因此，脱钩理论常常被用于探索经济增长与物质消耗之间的关系，这种关系会由于科技水平的提高发生变化。关于脱钩问题的研究，国外学者较早地展开了相关研究，最初主要集中于社会经济领域，如经济发展与环境压力的脱钩关系研究。此后，社会经济发展过程中逐渐产生了经济发展与物质消耗不匹配的现象，因此越来越多的学者们开始关注脱钩关系的相关研究。基于现有研究来看，脱钩理论主要被用于阐述经济发展与能源消耗之间的关系，因此学者们通常根据经济增长和碳排放的数据来分析二者的脱钩关系，这一关系可以反映经济增长与能源消耗增长速度是否一致，包括强脱钩、弱脱钩、负脱钩三和类型。由于管理政策评估的需要，部分研究主要依据西方国家的相关政策展开讨论，在生态保护、环境与能源、循环经济、农业政策支持与农产品生产贸易等领域建立了不同的脱钩模型，深入分析了上述领域与经济增长之间的关系，并且取得了阶段性研究成果。目前，可以总结出两种受到众多学者认可的脱钩理论研究评价模式：（1）能源消耗与经济增长脱钩关系的研究。这种评价模式指在同一时间序列下，通过比较研究经济总量的变化方向、幅度以及物质消耗总量等变化之间的关系，进而判断经济增长与能源消耗之间的耦合或脱钩关系，换言之，经济发展是否以物质消耗为代价。脱钩关系可分为负脱钩、连接以及脱钩三大类，其中脱钩又可分为强脱钩、弱脱钩和衰退性脱钩三种关系。Jänicke 等早在 20 世纪 80 年代就开始关注这一模型，并将其用于分析物质消费与经济发展的内在关联，该研究主要聚焦于工业发展领域。（2）物质消耗强度的 IU（Intensity of Use）曲线研究。这一类研究主要利用同一时间序列下的变量数据，对 IU 曲线变化情况进行分析，并且观察 IU 曲线的差异性。IU 主要是指单位经济产出与所消耗物质量之间的关系，在国外研究中常常将其用于分析脱钩关系。脱钩理论的出现也说明了经济增长并不总是以巨大能源消耗为代价的模式，通过采取有效措施，可以实现在经济发展的同时降低能源消耗，保证经济可持续发展。纵观现有研究，已有许多学者将脱钩理论用于解释旅游经济增长与碳排放之间的联系，因此，脱钩理论也被视为研究旅游业低碳发展的重要理论基础。

综上所述，当前学者对旅游经济增长与碳排放的研究主要进行的是基于脱钩理论的分析，分析旅游经济增长是否为旅游碳排放增加的重要驱动力，多以旅游碳排放和旅游业收入的时间序列比较为研究内容，碳排放数据的测度多采取的是自下而上的研究方法。也有一些学者将协整分析以及因果关系检验运用到研究中，但进行的时间序列分析模型过于简单，所考虑的变量也较少。虽然有学者基于 IPAT 模型进行了旅游碳排放的影响因素分析，但对变量的选取相对简单，能否很好地反映旅游经济的实际情况还有待进一步研究。查建平等学者的研究对本书有一定的借鉴意义，但其没有对碳排放数据的测度与获取进行深入研究。

第五节 本章小结

本章首先从旅游碳排放的概念、旅游碳排放的强度和旅游碳排放的影响因素 3 个视角对现有的文献进行了梳理、回顾，并对上述 3 个方面的相关研究进行了阐述和评价。首先，厘清了旅游碳排放等相关概念，明确了本书的研究对象。其次，总结了目前旅游碳排放测度的相关方法，主要是自上而下、自下而上两种测度方法，也有研究结合了两种方法进行研究。方法的运用应结合不同的区域灵活运用。再次，分析了目前旅游碳排放与经济增长之间的关系分析方法，发现通过 Granger 因果关系检验方法研究碳排放与经济增长，二者关系主要表现为三种结果——单向因果、反向单向因果和双向因果，是目前被学界广泛接受的方法，现在已经发展为一种非常有用的检验时间序列因果关系的工具。碳排放与经济增长关系本质上其实归属于经济学的范畴，是环境质量与经济发展问题的一个特例，因此学界将库兹涅茨倒 U 形曲线引入对环境与发展之间的研究中，提出 EKC，随着时间发展，大多数研究选取碳排放量作为当前主要的环境污染度量指标，EKC 的理论模型不断地发展更新，经历了由数学模型到统计学模型的转变，理论模型也在不断地改进，从二次函数、三次函数扩展到对数函数。最后，针对旅游碳排放的影响因素，发现目前关于碳排放影响因素的研究相对缺乏系统性，尚没有统一的界定。以上文献的梳理，为本书后续测算旅游碳排放奠定了理论基础。

第三章　中国旅游碳排放测度

第一节　测度方法与指标选取

一、碳排放总量测度方法

21 世纪初已经陆续出现了有关旅游碳排放测度的研究，以 Gössling 发表的文献为标志，同时随着气候变化与旅游业国际会议的召开，旅游业发展与环境的关系逐渐受到社会的关注，相关研究也成为学者关注的重点。目前对旅游业的碳排放测度方法主要有自上而下和自下而上两种（Susanne & Murray，2006）。其中，自下而上法主要是以生命周期评价（Life Cycle Assessment，LCA）理论为测算基础，自上而下法（Top-down Approach）则主要是以投入—产出（Input-Output，IO）理论为测算基础，两种方法存在一定差异，各有其优势和劣势，因此越来越多的研究采用这两种方法对旅游碳排放进行分析，并且逐渐成为研究热点。

自上而下法主要是从整体出发，对国家层面或地区层面进行完整的、系统的旅游碳排放测算。近年来，利用自下而上法为主要测算方法的研究取得了一定成果，研究视角包括时间和空间两个角度，对时空演变规律也有了一定的结论。Gössling（2000）最早以全球旅游业为研究对象，首次系统构建了包括旅游交通、住宿和其他旅游活动在内的碳排放测算体系，从而对全球旅游业碳排放进行了初步测算，一定程度上从宏观视角上为旅游碳排放测算研究打开了一扇窗。然而，我国目前拥有统计数据的能源消耗部门只涉及一些工业部门、农业部门以及部分服务业部门，其中有一些部门，如交通、住宿、餐饮也涵盖了旅游交通、旅游住宿部门的能源消耗数据，但是还未有专门关于旅游业中各行业的能源消耗统计资料。除此之外,有关温室气体的统计数据也无法直接获得,主要是因为我国目前相关的监测系统仍然在建设和完善中。基于以上两大原因,利用自上而下方法在测算旅游碳排放时就显得较为困难,因此,创建旅游卫星账户就是为了摆脱这一困境。但是我国旅游卫星账户的创建仍然存在一些问题,需要不断完善,并且在此领域进行深入研究,从而促使自上而下的测算方法得到更为有效的应用。自上而下法与自下而上法是目前应用较广的两种测算方法,前者是根据投入—产出原理,利用投入—产出表来推算旅游业各部门的能耗或能源强度,进而测算碳排放。部分文献也把这种方法命名为投入—产出法。关于自上而下法的详细测算步骤,在一些研究中就可以了解到,在此不再详细介绍。其中,Becken 等(2006)以新西兰研究对象,详细分析了自上而下法测算旅游业碳排放的 9 个步骤,而钟永德等(2014)则将这一方法用于测算中国的旅游业碳排放,针对中国的相关统计资料,探讨了测算步骤,对我国旅游业碳排放测算具有一定参考价值。

一般而言,旅游碳排放测算主要聚焦于行业中某些部门,如交通、住宿和餐饮等,缺乏对旅游业整体碳排放的测度。然而,近年来,学者们逐渐意识到旅游行业中间接碳排放的重要性,研究也从直接碳排放向间接碳排放测度转变,促使旅游碳排放测度能够涵盖旅游业整个生命周期,数据更具有真实意义。具体而言,自下而上方法与自上而下方法的测算过程具有显著差异,前者是以目的地游客产生的各种数据为基础,根据不同部门碳排放的测算方法对游客在交通、住宿、餐饮、游览等方面产生的碳排放进行核算。虽然这一方法聚焦于游客的各种活动,大部分数据能够获得,计算公式也易理解和使用,但是数据搜集工作量较大,而且不一定能够直接获得所有数据,尤其是时间范围跨度较大的研究(吴普,岳帅,2013)。此外,这一测算方法的科学性主要取决于各要素的核算系数是否合理,换言之,如果各要素的核算系数存在误差,则容易导致最终的测算结果也存在不确定性和不科学性。纵观现有研究,虽然并不是所有测算研究都需要依赖于核算系数进行换算,但是大多研究仍然采用了核算系数换算这一方法,也仍然是测算研究的重要方向之一。具体而言,学者们首先对旅游行为进行分类统计,然后一级一级进行能源消耗和二氧化碳排放量的测算,从而加总得到旅游碳排放总量,计算过程便于理解和操作。然而,随着旅游碳排放测算研究逐渐丰富，学者们开始提出了不同的测算方法，测算方法的多样性与旅游业的综合性有关，即旅游业涵盖较多的产业，且内部各产业数据不易获得，因此，目前有关旅游碳排放核算的研究方法尚未统一，且各有各的优势。基于上述研究现状和存在的难点，本书尝试采用已经较为成熟的自下而上法，便于研究顺利展开，从而对中国旅游业的能源消耗和二氧化碳排放进行初步测算，保证测算数据的有效性、科学性和合理性。

　　旅游业是涉及食、住、行、游、购、娱多个方面的产业，其综合性特点使得其旅游碳排放来源也呈现出多样性的特征。因此，在对旅游碳排放进行测算之前，必须要了解旅游行业中哪些环节和部门会产生碳排放，从而根据旅游业的生命周期和主要部门进行碳排放测算，做到有的放矢。针对旅游碳排放的部门来源和构成，一些学者进行了有效探索，为后续测算研究奠定了基础。UNWTO 通过研究将旅游碳排放来源聚焦于旅游交通、住宿和活动三大方面，其中，旅游交通和住宿占比较高。在世界旅游组织研究的基础上，Susanne Becken & Murray Patterson 也认为旅游交通、住宿和活动是碳排放主要来源部门，同时针对这三个部门进行了细分（见表3-1），使得碳排放测算涵盖范围更清晰。国内学者也针对我国旅游业现状，对旅游碳排放来源进行了深入研究，其中石培华等（2008）进一步探索了交通、住宿和活动在我国旅游业能源消耗中的占比，分别为72.40%、22.23%、5.25%，由此可见，住宿和交通依然是主要的能源消耗部门，与世界旅游组织的研究具有一致性。

表3-1　新西兰旅游产业主要行业及项目分类

旅游交通	住宿	旅游活动（吸引物）
国内航空	酒店	建筑物（如博物馆）
私人汽车	B&B 旅馆	自然吸引物
租车/公司车辆/出租车	汽车旅馆	空中活动
长途客车	青年旅舍	机动水上活动
房车	露营地	探险游憩
火车（柴油）		自然游憩

续表

旅游交通	住宿	旅游活动（吸引物）
摩托车		
定点班车		
背包客班车		
库克海峡轮渡		

资料来源：Susanne Becken & Murray Patterson，2006.

根据旅游业的碳排放特点和国内外相关学者的研究来看，目前碳排放测量研究纷繁复杂，而且研究的空间范围和时间范围也具有多样性。总的来说，目前旅游碳排放测量对象主要聚焦于国家和地区两大层面，针对的部门则主要聚焦于旅游交通、住宿和游览活动等，延续了石培华等人的研究。同时2001—2017年的《中国统计年鉴》《中国经济年鉴》以及各省份统计年鉴与经济年鉴的数据显示，有关旅游行业的统计指标体现在批发和零售业、住宿和餐饮业以及运输和邮电三个方面。在2001—2017年《中国能源统计年鉴》以及各省（直辖市、自治区）能源统计年鉴的地区能源平衡表中，有关旅游能源消耗的指标也体现在上述三个方面。由此可见，在国家官方的统计数据中，易于获得的数据主要是交通运输、餐饮、住宿3个行业部门。

但是，从总体上来看，越来越多的旅游业碳排放测量研究使得上述部门的旅游业碳排放存在重复测量的现象，从而导致旅游业碳排放测量的不准确和不科学，因此，考虑到这一状况，测量数据容易获取的旅游业部门逐渐受到学者们的关注，也陆续展开了相关研究。为了实现研究的准确性和简洁性，本书将旅游碳排放测量的重点领域确定为交通、住宿和活动三类，进而针对3个重点部门测算旅游业二氧化碳排放和能源消耗（以下统称为碳排放），最后根据3个部门的碳排放相加得到总碳排放量。总碳排放量计算公式如下：

$$C = \sum_{i=1}^{n} C_i \qquad\qquad 式（3-1）$$

其中，C 表示旅游业总碳排放量，C_i 表示旅游业部门的碳排放量，i 表示旅游业部门数。

基于上述有关旅游行业部门分类研究及旅游业现状的阐述，本书将主要测算旅游行业中交通、住宿和活动 3 个部门的碳排放量，总碳排放量计算公式可在公式（1）的基础上改写为：

$$C = C_t + C_h + C_a \qquad \text{式（3-2）}$$

其中，C 为旅游业的碳排放总量，C_t 为旅游交通的碳排放总量，C_h 为旅游住宿的碳排放总量，C_a 为旅游活动的碳排放总量。

下面分别说明三个关键领域的碳排放总量测度方法。

（一）旅游交通的碳排放测算

旅游交通是交通运输中的一部分，一般而言，交通运输的碳排放量是根据客运量、运输距离进行计算的，换言之，交通运输的碳排放量受到客运量和运输距离的正向影响，客运量越大，则总运输距离越长，从而导致交通运输产生的碳排放量就越大。因此，旅游交通的碳排放公式表述如下：

$$C_t = \sum_{i=1}^{n} p_i d_i k_{ti} \qquad \text{式（3-3）}$$

其中，C_t 表示旅游交通碳排放总量，i 表示旅游交通工具类型（如飞机、汽车、火车、其他等），p_i 表示第 i 类旅游交通工具的客运量，d_i 表示第 i 类旅游交通工具的运输距离（以 km 为量纲），k_{ti} 表示第 i 类旅游交通工具的单位能源消耗量或单位二氧化碳排放量（以 MJ/pkm 或 g/pkm 为量纲）。

（二）旅游住宿的碳排放测算

目前，我国的旅游酒店设施主要包括星级酒店、品牌酒店以及民宿、客栈、青旅、家庭旅馆等新兴住宿形式，因此旅游住宿产生的碳排放需要考察多方面来源。然而，由于目前有关旅游住宿设施的统计仍然以星级酒店为主，其他的住宿设施数据难以获取，因此，为了顺利开展研究，旅游住宿碳排放量的计算主要以星级酒店为研究对象。旅游住宿碳排放计算公式如下：

$$C_h = \sum_{i=1}^{n} p_i n_i k_{hi} \qquad \text{式（3-4）}$$

其中，C_h 表示旅游住宿碳排放总量，i 表示旅游住宿方式的种类数，p_i 表示选择第 i 类住宿方式的游客人数，n_i 表示选择第 i 类住宿方式的游客住宿时间（以天或晚为量纲），k_{hi} 表示第 i 类住宿方式的单位能源消耗量或单位二氧化碳排放量（以 MJ/pn 或 g/pn 为量纲）。

若采用公式（3-4）测算旅游住宿碳排放量，其中最需要厘清的参数是 k_{hi}，但是根据上述分析可知，有关民宿、青旅、客栈等住宿设施的碳排放尚无法计算，因此在借鉴国内外其他学者研究的基础上，本书将采用一种更有效的计算方式，公式如下：

$$C_h = 365\sum_{i=1}^{n} q_i r_i \beta_i \qquad\qquad 式（3-5）$$

其中，C_h 表示旅游住宿的能源消耗总量，i 表示住宿方式的种类数（如星级酒店、家庭旅馆、汽车旅馆等），q_i 表示第 i 类住宿方式的床位总数，r_i 表示第 i 类住宿方式的客房出租率，β_i 表示第 i 类住宿方式的单位能源消耗量（以 $MJ/$ 床晚为量纲）。

通过公式（3-5）计算出能源消耗总量后，再通过能源消耗量与碳、碳与二氧化碳的换算关系测算出二氧化碳排放总量。

（三）旅游活动的碳排放测算

旅游活动的碳排放测算计算公式如下：

$$C_a = \sum_{i=1}^{n} p_i k_{ai} \qquad\qquad 式（3-6）$$

其中，C_a 为旅游活动的能源消耗总量或二氧化碳排放总量，i 为旅游活动的种类数，p_i 为参加第 i 类旅游活动的游客人数，k_{ai} 为第 i 类旅游活动的单位能源消耗量或单位二氧化碳排放量（以 MJ/p 或 g/p 为量纲）。

旅游活动种类丰富，按照游客的出游动机可以将其分为观光游览、休闲度假、探亲访友、商务、会议、宗教朝拜、购物、医疗保健、文化/体育/科技交流等。

二、碳排放强度测度方法

在旅游经济增长呈正向增长的情况下，碳排放总量也有可能处于正向增长的态势，需要通过相关研究厘清其中原因，从而改变旅游经济增长以高碳排放、高能源消耗为代价的现状，实现旅游经济稳定增长状态下低能耗、低碳排放的目标。目前有关旅游经济增长和旅游碳排放关系的指标仍然以旅游碳排放强度为主,这一指标能够充分说明旅游业生态效率。通常而言,碳排放强度体现为碳排放总量与 GDP 的比值,是指单位 GDP 所产生的二氧化碳排放量,反映了能源消耗所产生的经济价值。将碳排放强度引入旅游研究,就体现为旅游碳排放强度,主要是指旅游碳排放总量与旅游业增加值的比值,反映了旅游业能源消耗和二氧化碳排放量所产生的旅游经济价值。然而,由于旅游业增加值数据的不齐全,本书主要用单位旅游业收入来代替,即用单位旅游业收入产生的旅游碳排放量采表征旅游碳排放强度,用以下公式表示:

$$T'_i = C'_i \Big/ LYP'_i \qquad\qquad 式(3-7)$$

其中,T'_i 为第 t 年旅游碳排放强度,C'_i 为第 t 年旅游碳排放量,LYP'_i 为第 t 年旅游业收入,i 表示不同的地区。以此可以来测算不同时空下我国碳排放强度的分布情况。

第二节　数据来源

一、测算对象

由于香港、澳门、台湾 3 个地区能源消耗数据不全,难以计算其旅游业能源消耗量和二氧化碳排放量,同时西藏也严重缺乏相关数据,所以本研究不考虑上述 4 个地区。因此,本研究的空间范围为我国 30 个省、直辖市以及自治区,时间范围为 2000—2016 年。相关数据主要来源于 2001—2017 年《中国旅游统计年鉴》《中国交通年鉴》,各省、直辖市、自治区统计年鉴,以及相关统计资料汇编等。其中,各省、直辖市、自治区历年的旅游总收入和总人数、旅游业从业人员、旅游业固定资产原值、星级酒店的床位数和年均出租率均源于《中国旅游统计年鉴》,省、直辖市、自治区旅客周转量和客运量均源于各地区统计年鉴、《中国交通年鉴》《中国区域经济统计年鉴》和相关统计资料汇编等。

二、数据来源

为了从整体层面和区域层面深入研究旅游碳排放问题，有必要收集相关数据。本研究所需的旅游碳排放总量核算和强度分布研究数据包括两类：旅游相关行业数据和旅游能耗数据。

本研究计算的主要数据来源于国家主要相关部门的统计数据和相关统计公报。一些数据直接引用或参考了国内外已有的相关研究成果，以及部分调研数据。主要数据来源包括：国家统计局、旅游局、地方统计局等部门出版的统计年鉴和统计公报，以及部分调研数据和文献数据。

旅游相关行业数据主要用于确定我国整体层面及其所辖地区层面历年旅游消费剥离系数，因而需要采集旅游相关行业部门增加值与总收入、旅游增加值与总收入、接待旅游者人数、旅游者人均消费支出构成等。因此，本研究以 2001—2017 年《中国统计年鉴》《中国经济年鉴》《中国旅游统计年鉴》，各省（直辖市、自治区）统计年鉴与经济年鉴，以及各省（直辖市、自治区）旅游统计年鉴为主，对旅游相关行业的增加值、旅游增加值、总收入、旅游收入、接待旅游者人数等数据进行采集。此外，部分缺失数据则通过 2001—2017 年《国民经济和社会发展统计公报》以及各省（直辖市、自治区）国民经济和社会发展统计公报、《中国国内旅游抽样调查资料》和《入境游客抽样调查资料》等予以补充。

第三节　旅游碳排放估算

一、旅游碳排放总量估算

根据式（3-3）、式（3-4）、式（3-5）和式（3-6），以及旅游相关行业部门增加值与部门收入、旅游总收入等研究数据，先分别计算出中国各地区旅游交通、旅游住宿、旅游活动的碳排放总量后，再根据式（3-2）最终估算出中国旅游业 2001—2017 年的碳排放总量。

（一）总量分析

根据估算结果，总体来看，全国旅游交通碳排放占旅游碳排放的比例平均为 81.7%，最高为 2015 年的 89.7%，最低为 2003 年的 75.0%，这与 Gössling 等学者估算的结果 60%~95% 的结果完全一致。2003 年由于受 SARS 事件影响，大范围的人员流动减少，因而比例有所下降。2010 年后，高铁、自驾车出行等旅游交通方式的增多，使得旅游交通碳排放占旅游碳排放的比重有所上升。然而，近年来，随着国家对低碳出行的重视，旅游业也开始采取措施推动交通低碳化，并且呼吁游客提高低碳出行，基于这一现状，游客每人每公里的平均碳排放将有可能呈现下降趋势。

根据估算结果，总体来看，全国旅游住宿碳排放占旅游碳排放的比例平均为 14.3%，最高为 2004 年的 21.8%，最低为 2016 年的 4.5%。由于本书引用的旅游住宿等统计数据多为星级酒店统计数据，而我国星级酒店是在 GB/T 14308—2003 第二次修订之后快速发展起来的，因此可以解释 2004 年比例达到最高值。其后，随着我国酒店业的发展，评星对于酒店的发展逐步被淡化，因此其比例逐步下降，当然，这也与绿色酒店等发展理念的推行有关，我国许多酒店在积极采取节能减排的措施，降低了旅游住宿行业的碳排放。

根据估算结果，总体来看，全国旅游活动碳排放占旅游碳排放的比例平均为 4.0%，最高为 2016 年的 6.7%，最低为 2006 年的 3.0%，总体上呈现逐渐上升的趋势，主要原因为碳排放量高的旅游活动逐渐增加。

根据以上估算可以看出，旅游交通一直是旅游碳排放的主要来源，同时现有研究也证实了这一点。由世界旅游组织发布的研究报告可知，虽然低碳出行这一措施可以有效减少旅游交通碳排放，但是从目前旅游业发展的现状来看，全球旅游交通所产生的碳排放总量仍然在上升。根据相关预测可知，全球旅游交通碳排放量可能会在 2030 年达到 19.98 亿吨，这将会对全球生态环境造成巨大的影响。除此之外，随着大众旅游时代的到来，旅游活动碳排放在旅游碳排放中的比例正逐年提升，其影响不容忽视，这也标志着低碳旅游推行的必要性。相反，旅游住宿碳排放在旅游碳排放中的比例在逐年下降，这表明旅游住宿有较强的减排潜力，绿色酒店建设的推行、碳排放低的旅游民宿的发展等对旅游住宿的减排都有积极的意义。

（二）省域分析

从本研究的 30 个区域来看，各地区在 2000 年到 2016 年之间的旅游业总平均碳排放变化情况存在一定差异，根据数据显示，全国总平均碳排放量最高的省份是湖南省，超过了 700 万吨；其次是上海和浙江等地，均超过了 500 万吨；全国总平均碳排放量较低的省份为甘肃、海南、青海、宁夏等地，尚未超过 100 万吨。

30 个区域 2000—2016 年的碳排放的变化趋势如图 3-1 所示。整体来看，30 个区域的旅游碳量排放基本都处于增长趋势，其中可以看出河北碳排放量从 2006 年起增长迅猛，碳排放量远远高于其他区域。也可以看出，海南、青海、新疆的碳排放量与全国其他区域相比，都处于较低的排放水平。

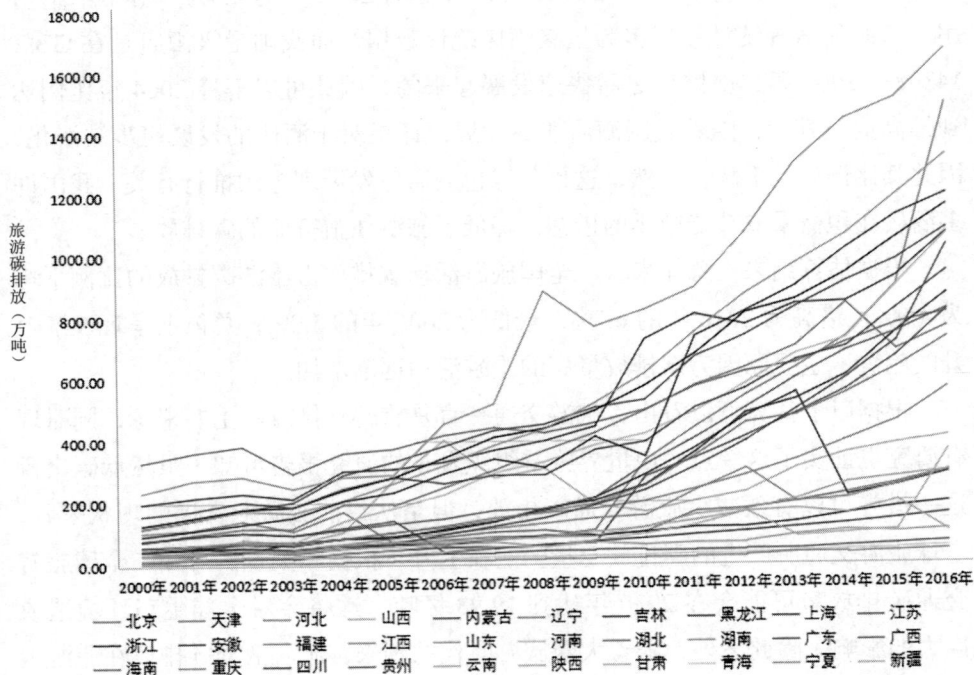

图 3-1 我国 30 个区域 2000—2016 年旅游碳排放变化趋势

为了进一步区分我国各区域旅游碳排放总量的特征，根据上述估算的全国各地区年均碳排放的大小，本研究按照高、中、低三个水平将 30 个省、直辖市、自治区的年均碳排放值分为高值区、中值区和低值区，具体如表 3-2 所示：

表 3-2　我国各地区平均旅游碳排放量的分类

级别	标准	具体地区
高	＞500 万吨以上	北京、河北、辽宁、上海、江苏、浙江、山东、广东、四川
中	300 万~500 万吨	山西、黑龙江、福建、安徽、湖北、湖南、广西、重庆、贵州
低	＜300 万吨	天津、内蒙古、吉林、江西、河南、海南、云南、陕西、甘肃、青海、宁夏、新疆

根据表 3-2 显示，处于旅游碳排放高值区的省（直辖市、自治区）有 9 个，主要集中于东部地区，占比为 88.89%[①]；处于旅游碳排放低值区的省（直辖市、自治区）有 12 个，主要集中于中西部地区，占比为 83.33%，东部地区仅占 16.67%；处于旅游碳排放中值区的省（直辖市、自治区）有 9 个，分布于东、中、西部地区，其中，东部地区占比为 11.11%，中部地区占比 55.56%，西部地区占比 33.33%。

根据我国整体层面及其所辖高、中、低三值区的旅游碳排放测量结果显示，2000—2016 年我国旅游碳排放整体上主要呈现出两大特征：一是旅游碳排放量呈现逐年上升趋势，但增长幅度逐步放缓。从增长数量上来看，我国整体层面旅游碳排放量从 2000 年的 2260.25 万吨上升至 2016 年的 19186.91 万吨，增长 16926.66 万吨（见表 3-3）；从增长速度上来看，我国整体层面旅游碳排放年增长率由 2000 年的 17.70% 上升至 2016 年的 20.57%，增长 2.87%。二是旅游碳排放量增幅空间分布差异较大。从区域层面来看，高、中、低值区的旅游碳排放量由 2000 年的 1326.02 万吨、633.47 万吨、300.76 万吨上升至 2016 年的 9840.09 万吨、6324.14 万吨、3022.68 万吨，并以中、低值区的旅游碳排放量增长速度较快。这表明虽然中、西部地区的旅游碳排放量大多属于中低排放地区，但是其碳排放增速显著高于高排放地区，这主要是由于中西部地区旅游业仍然以粗放式发展为主，缺乏转型。

---

① 注：本研究中将东部地区界定为北京、广东、河北、江苏、辽宁、上海、天津、浙江、福建、山东、海南共 11 个省份；中部地区为湖北、黑龙江、山西、安徽、江西、吉林、湖南、河南共 8 个省份；西部地区为陕西、青海、新疆、云南、甘肃、四川、重庆、内蒙古、贵州、广西、宁夏共 11 个省份。

表 3-3　我国高、中、低三值区 2000—2016 年旅游碳排放量（万吨）

年份	高值区	中值区	低值区
2000 年	1326.02	633.47	300.76
2001 年	1517.95	714.56	361.94
2002 年	1734.17	799.92	429.97
2003 年	1627.56	750.34	406.64
2004 年	2211.54	920.80	589.70
2005 年	2323.11	1191.89	706.95
2006 年	2667.04	1483.17	832.05
2007 年	3047.07	1562.14	997.18
2008 年	3191.83	2079.69	1070.49
2009 年	3725.26	2005.69	1196.39
2010 年	4505.93	2560.68	1329.10
2011 年	5737.60	3116.45	1681.81
2012 年	6368.75	3817.72	1950.62
2013 年	7023.69	4546.38	1985.17
2014 年	7762.58	4807.55	2185.97
2015 年	8461.11	5365.70	2539.49
2016 年	9840.09	6324.14	3022.68

二、旅游碳排放强度估算

在核算旅游碳排放量的基础上，十分有必要从整体层面分析我国各地区旅游业碳排放的强度，即高值区、中值区和低值区旅游业碳排放在我国整体旅游业碳排放中所占的比重。因此，本研究采用 2000—2016 年我国整体层面及其所辖地区层面旅游碳排放与旅游收入数据，依据公式（3-7）分别计算我国整体层面及其所辖地区层面旅游碳排放强度。

第四节　旅游碳排放的时空演化

一、旅游碳排放总量的时空演化

在旅游碳排放总量高的地区，旅游业的规模也相对较大，比如有更多的旅游接待人数、更高的旅游经济收入。因此，还不能单一分析，需要考虑多种因素，且各个区域的旅游产业规模、结构和发展水平等存在差异，要综合考虑多因素的影响，以进一步了解各地区在旅游碳减排方面的差异。根据全国 30 个地区的年均碳排放估算值划分出的三个层次，分别分析碳排放量高、中、低的三个值区的旅游碳排放的排放量年增长率。可以看出我国整体层面和高、中、低的三个值区的旅游碳排放的年增长率变化各不相同，高值区的旅游碳排放增长率从 2001 年的 16.66%，波动增长至 2010 年到达最高值 36.33%，之后碳排放增长率开始波动下降，降至 2016 年的 16.61%；中值区的碳排放增长率则不同，处于较大幅度的波动状态，增长率最低时为 1.47%，最高时为 58.84%；低值区的碳排放增长率除个别年份外，整体则呈现小幅度波动下降的趋势，2001 年的碳排放增长率为 26.30%，至 2016 年时为 26.77%，增长率的最高值出现在 2004 年，为 42.77%；全国的碳排放增长率相对以上三个值区的增幅变化，较为平稳，整体碳排放增长率处于下降趋势（见表 3-4）。

表 3-4　2000—2016 年我国整体层面及其地区层面旅游碳排放年增长率

年份	全国层面	高值区	中值区	低值区
2000 年	—	—	—	—
2001 年	17.70%	16.66%	10.16%	26.30%
2002 年	23.26%	16.43%	35.84%	17.52%
2003 年	-2.29%	-3.36%	1.47%	-4.98%
2004 年	36.06%	38.53%	26.88%	42.77%

年份	全国层面	高值区	中值区	低值区
2005 年	18.80%	3.13%	34.24%	19.04%
2006 年	17.16%	15.88%	18.00%	17.60%
2007 年	16.03%	14.47%	15.64%	17.98%
2008 年	11.13%	4.47%	23.20%	5.72%
2009 年	12.62%	18.40%	6.28%	13.19%
2010 年	35.21%	36.33%	58.84%	10.48%
2011 年	27.13%	31.61%	25.05%	24.74%
2012 年	15.66%	11.70%	22.41%	12.87%
2013 年	12.12%	10.57%	19.65%	6.13%
2014 年	9.25%	10.73%	6.47%	10.54%
2015 年	11.73%	9.19%	13.21%	12.81%
2016 年	20.57%	16.61%	18.33%	26.77%

注：2001 年旅游碳排放年增长率计算以 2000 年作为基期。

为直观分析我国整体层面和高、中、低三值区的旅游碳排放增长率，本研究将旅游碳排放增长率采用折线图予以表示。图 3-2 至图 3-5 直观地展示了我国及三值区的碳排放增率的变化情况，我国整体层面及三值区所辖地区的旅游碳排放增长率在不同的年份呈现出增长拐点。

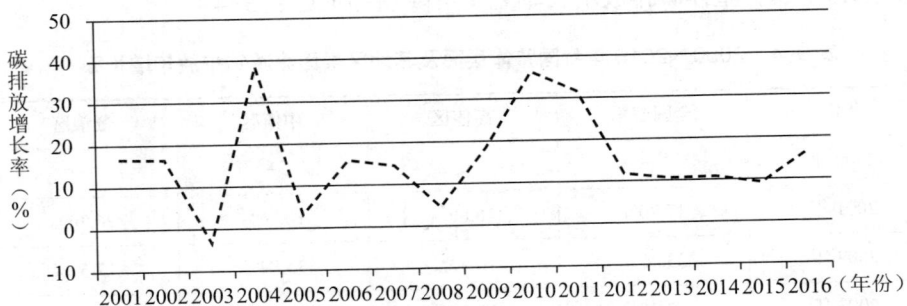

图 3-2　高值区碳排放增长率

注：由于 2000 年是基准年，因此未在图上显示。

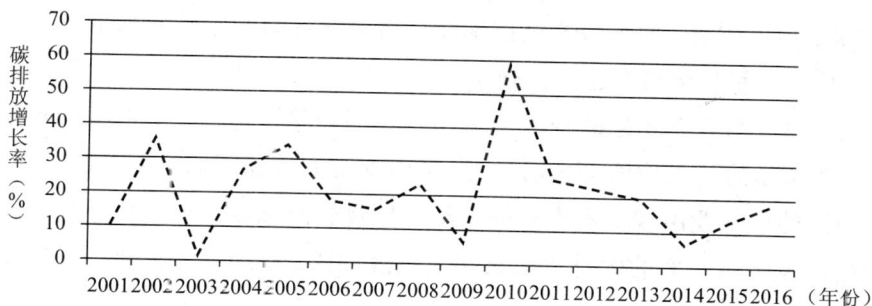

图 3-3　中值区碳排放增长率

注：由于 2000 年是基准年，因此未在图上显示。

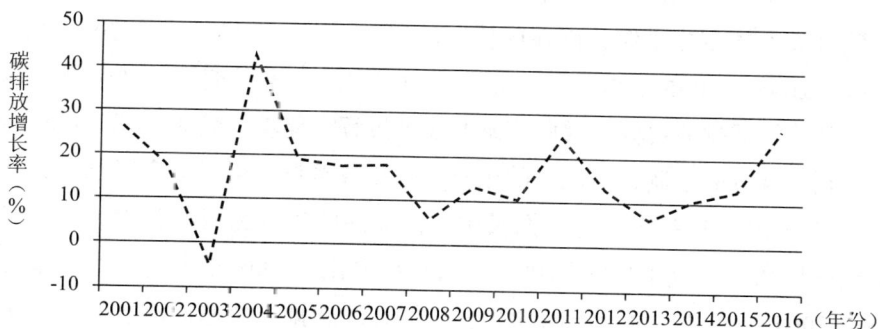

图 3-4　低值区碳排放增长率

注：由于 2000 年是基准年，因此未在图上显示。

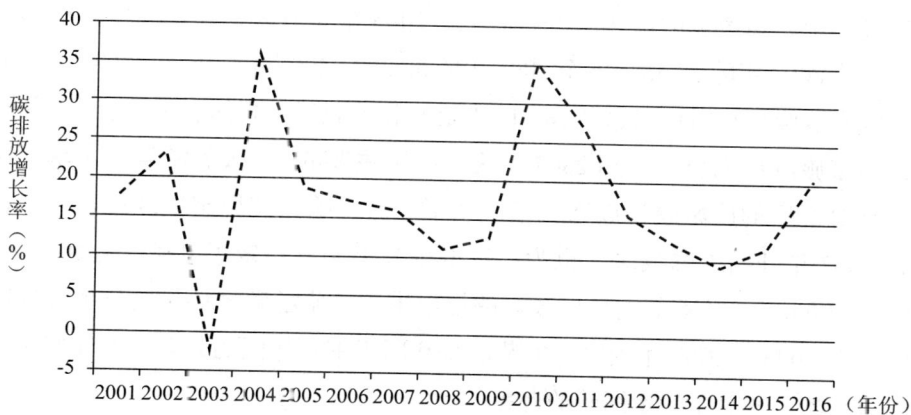

图 3-5　全国整体碳排放增长率

注：由于 2000 年是基准年，因此未在图上显示。

2003 年年初至 7 月 SARS 疫情暴发，给全球各国的旅游业都带来巨大的冲击，旅游业呈现出衰退趋势。SARS 病例的主要暴发地——亚洲地区的入境游客增长率下滑至多年来的谷底（-9.3%），另一暴发地——美洲也受到较大影响（入境游客增长率降至 -3.1%）。国内旅游人数和国际旅游人数均骤减，使得中国的旅游业出现前所未有的下滑，导致旅游总收入出现负增长，因此全国层面及区域层面的碳排放增长率大幅度回落，依次为 -2.29%、-3.36%、1.47%、-4.98%。

2005—2006 年，高值区的地区碳排放增幅变化浮动使得旅游碳排放量呈现抗周期性的"V"形波动，并以 2005 年为增长拐点。全国层面及低值区的地区碳排放增幅变化平缓，而在中值区的地区，碳排放增长率在 2006 年大幅度下降。2005—2006 年是"十一五"规划提出的关键时期，规划中充分强调了要实现节能减排的目标，因此旅游业发展过程中能耗量较大、碳排量较多的行业受到了减排的限制，对此后的旅游业碳排放总量产生了一定影响。具体而言，2005—2006 年我国整体层面及中、低值区碳排放区域的旅游碳排放年增长率出现回落，仅高值区碳排放区域增长率升高。2005 年中值区的碳排放增长率较 2004 年上升，全国层面和高、低值区的碳排放增速回落显著，依次降为 18.80%、3.13% 和 19.04%。2006 年，全国层面和中、低值区的碳排放的增长速率依旧回落，碳排放增速依次下降至 17.16%、18.00%、17.60%。在这一发展过程中，高值区的碳排放变化较大，2005 年高值区的碳排放增长率回落显著，从 2004 年的 38.53% 降至 2005 年的 3.13%。2007 年，国务院出台了《关于〈国家节假日及周年纪念办法〉的决定》和《职工带薪休假条例》，与此同时，国家旅游局也公示了到 2007 年为止我国主要的 5A 级旅游景区名单。这一举措对之后的旅游碳排放增长率产生了一定影响，使得旅游碳排放年增长率在 2007 年开始下降放缓，也为后续的增长率回升奠定了基础。总而言之，2005—2006 年，国家节能环保政策的提出带来了旅游碳排放年增长率大幅度下降，而 2006—2007 年国家有关节假日和职工带薪休假的方案出台促使旅游碳排放年增长率有了一定回暖的迹象。

到了 2008 年，全球金融危机来袭，对我国各地旅游发展造成了巨大冲击，受全球金融危机影响，我国整体层面及各个省地方旅游业发展也深受制约。然而，在2008年和2010年两个时间点上，国家不仅出台了《职工带薪年休假制度》，设立了"中国旅游日"，而且举办了"北京奥运会"和"上海世博会"，使得我国整体层面以及东、中、西部地区旅游业在2008年、2010年两个时间点上呈现出接待人数和碳排放的同步增长。上述旅游发展相关政策和节庆赛事活动在一定程度上削弱了全球经济危机对旅游业的冲击作用，并体现了旅游政策与节事活动对旅游业的积极作用。相反，2009年，国务院印发了《关于加快发展旅游业的意见》的文件，这一政策文件的出台并未给旅游业发展带来明显的推动效应。究其原因，该政策对旅游业的"抗周期性"效应主要体现在2010年，因此根据研究结果可以看出，2009年我国整体层面旅游碳排放年增长率呈现小幅上升趋势，直至2010年，旅游碳排放年增长率才出现明显上升趋势，前期旅游政策与节事活动影响的后置效应逐渐体现。根据碳排放增长率的曲线走向，可以判断出旅游碳排放的增长情况在2008年形成拐点。出现以上情况的主要原因是受西部地区的四川和青海两省发生的重大自然灾害的影响，2008年"汶川地震"和"玉树地震"使得西部地区的旅游业发展停滞，且采取的举办节庆赛事活动和颁布旅游发展奖励政策等刺激措施也未发挥明显的作用。

在此之后，自然灾害带来的发展问题逐渐好转，旅游经济发展逐渐恢复正常，并开始逐年上升，在此基础上，由于地理区位的差异，我国整体的旅游碳排放量在区域内存在差异。具体表现在旅游碳排放高、中、低三个值区的增长率的变化走向和规律存在差异。2008年北京奥运会这一大型国际赛事的成功举办和2010年的上海世博会国际大型展览活动的举行，2008年采取的职工带薪年休假制度和2010年世界旅游日的到来，为旅游业吸引了大量的游客，旅游业一时蓬勃发展，导致旅游碳排放量激增，随着节庆赛事活动的结束，旅游碳排放量也逐渐回落。

"十二五"发展规划为旅游业发展指明了方向，规划中明确要求在2011—2015年这一期间，要充分实现低碳经济，充分贯彻落实绿色发展理念，坚持以科学发展为主题，以加快转变经济发展方式为主要路线，从而实现经济可持续发展。关于旅游业的"十二五"发展规划更是提出树立生态低碳的旅游消费理念。国务院新闻办公室根据国际发展大背景，结合国内转型升级发展的要求，发表了《中国应对气候变化的政策与行动（2011）》白皮书，为节能减排、低碳发展提供了具体的对策。这一系列的行动取得了极大的成效，2011—2015年全国层面及高、中、低值区碳排放区域的增长率明显下降，依次由2011年的27.13%、31.61%、25.05%、24.74%降至2015年的11.73%、9.19%、13.21%、12.81%。2015年，全球变暖的重要性受到关注，在巴黎召开的"第21届联合国气候变化大会"明确提出控制全球变暖刻不容缓，号召减少二氧化碳排放，严格控制全球平均气温增长幅度，保证温度上升不超过2℃。2020年，我国更是将"碳达峰""碳中和"写入经济和社会发展的五年规划，作为我国"十四五"污染防治攻坚战的重要目标，并就更好地控制和减少全球气候变化为人类生存带来的影响和风险达成一致意见：尽力把全球温度的增幅控制在1.5℃之内，因此国内更重视碳排放的问题，碳排放效率得到提升，碳排放增长率减缓。

2014年，中国省域高、中、低三值区旅游碳排放的增长率进一步发生变化，主要是受到国家政策方针的制定的影响。针对旅游行业的发展，国务院出台印发了《关于促进旅游业改革发展的若干意见》（国发〔2014〕31号），以加强旅游行业的治理；针对国家的环境和气候问题，出台了《大气污染防治行动计划》（国发〔2013〕37号），重点治理大气污染问题。2014年年初，在国家环境保护部的带领下，将减排和防治任务落实到每个地区，让各地区明白所面对的减排重点工作和任务，各地区积极参与，签署了《大气污染防治目标责任书》，严格控制碳排放的增长。通过国家对旅游行业和生态环境的双重管控，全国层面和中值区的地区的旅游碳排放增长率出现下降，分别由2013年的12.12%、19.65%降至2014年的9.25%、6.47%。

二、旅游碳排放强度的时空演化

为了清晰地展示2000—2016年我国30个省（直辖市、自治区）旅游碳排放强度时空分布差异，结合旅游碳排放强度的数据，采用ArcGIS绘制出2000年、2005年、2010年以及2016年旅游碳排放强度的时空分布图。根据2000年、2005年、2010年以及2016年的碳排放强度区间［0.7，1.57］、［0.11，0.93］、［0.06，0.58］、［0.02，0.35］，可以进一步探讨旅游碳排放强度空间分布的规律。根据四个关键节点的数据，通过可视化的处理，可以推测出 2000—2016 年我国 30 个省（直辖市、自治区）旅游碳排放强度时空分布演变过程。

从时间序列的演变分析可以看出，我国 30 个省（直辖市、自治区）旅游碳排放强度演变规律呈现为逐年递减趋势。2000—2005 年，我国 30 个省（直辖市、自治区）整体碳排放强度的数值为 0.2540 吨 / 万元，高、中、低三个值区的旅游碳排放强度数值分别为 0.2249 吨 / 万元、0.3825 吨 / 万元、0.2148 吨 / 万元，随着时间推移，发展至 2010 年，旅游碳排放强度有所降低，全国层面和三个值区的强度值分别为：0.2011 吨 / 万元、0.1885 吨 / 万元、0.2724 吨 / 万元、0.1514 吨 / 万元。这一结果的出现离不开我国相关节能减排措施的积极实施，主要体现在我国"十一五"计划中节能减排和绿色发展理念的贯彻落实。从 2000 年发展到 2010 年，这一时间段内我国旅游业在低碳发展方面成效突出，慢慢扭转了旅游业发展的同时伴随着牺牲环境、增加碳排放的不良局面。随着政府和行业的重视和治理，2016 年，全国层面及三大值区的旅游碳排放强度已出现明显减弱，具体数据碳排放强度为 0.1547 吨 / 万元、0.1599 吨 / 万元、0.1983 吨 / 万元、0.0950 吨 / 万元，相比 2000 年已经实现大幅下降。

从上述数值来看，碳排放量水平处于中值区的各省（直辖市、自治区）的旅游碳排放强度下降幅度要显著高于处于高、低值区的各省（直辖市、自治区）的碳排放水平。由于碳排放量处于中间水平的各地区，旅游碳排放与经济增长的效率低下，在国际相关组织的大力倡导以及国家对生态环境愈加重视的大背景下，相关部门和行业加大治理力度和采取行之有效的改革措施，因此旅游业的碳排放强度得到了较大幅度的降低。一直处于中值区的地区的碳排放强度虽然还是在同期保持较高的数值，但已出现了明显的下降。碳排放量高值区地区，旅游经济发展良好且经济发达，碳排放的经济效益本身就高于其他两个区域。碳排放高值区响应国家政策要求和顺应生态环境发展趋势，较好地降低了碳排放量。碳排放中值区能取得显著成效，主要原因是中值区的地区采取先进的节能减排技术以及出台相关的政策法规等。例如，低值区所辖的省份甘肃和吉林与同水平的区域内其他省份相比，在 2000—2010 年一直处于较高的旅游碳排放强度水平，但在全国节能减排的大背景下，两省碳排放强度已有显著的下降，从 2000 年的 0.8065 吨 / 万元和 0.8053 吨 / 万元下降至 2016 年的 0.0672 吨 / 万元和 0.2980 吨 / 万元。

整体而言，我国各地区旅游业碳排放强度在时间和空间上是在不断变化的。天津、江苏、云南、上海、福建、广东、海南这几个省（直辖市）旅游碳排放强度在研究范围的任何一年内始终处于低值区域，并且由 2000 年的 [0.01，0.22] 这一分布区间下降至 2016 年的 [0.01，0.14]。进一步观察发现，江苏、浙江、上海、广东属于碳排放量的高值区，以上地区具有地理区位优越、经济繁荣发展、科学技术先进、政策法律法规健全等特征，依托以上良好的条件，这些地区的旅游业发展水平处于全国领先水平，同时有着较高的能源利用率，旅游碳排放的大幅度降低，有利于促进全国旅游业健康发展。由此可以看出，旅游业的能源效率和能源结构相对科学，可以支撑这些区域的旅游业实现高质量健康发展。天津、海南、云南三个省（直辖市）属于碳排放量的低值区，海南与云南属于以旅游业为主导产业的省份，省内的主要业态为服务业，几乎没有工业，具备丰富的旅游资源和优质环境质量，且主要为自然环境的原生态旅游，因此碳排放强度一直比较低。

通过以上分析可知，处于碳排放量中、低值区的省份的碳排放强度通常高于全国整体水平和其他区域，例如，处于中值区的以贵州和湖南为代表的 2 个省份以及处于低值区的以宁夏、陕西、青海、甘肃、新疆为代表的 5 个省份表现尤为明显。换言之，与碳排放量处于高值区的省份相比，处于中、低碳排放值区的省份每单位旅游增加值所产生的旅游碳排放量要远高于同时期处于碳排放量高值区的省份。这些旅游碳排放量高的省份在能源利用方面效率低下，未能充分挖掘自身的能源利用效率，降低旅游业碳排放量，这也反映出这些省份存在巨大的节能潜力与减排空间，需要充分挖掘其节能潜力、释放其减排空间。

第五节　本章小结

本章主要对中国旅游碳排放测度，从全国、区域及省域三视角进行测算。

首先选取了测度方法与测算指标，实证结果初步揭示了我国旅游碳排放强度的时空演变过程，为进一步深入研究中国旅游碳排放的影响因素打下了基础。

　　研究对象选取除香港、澳门、台湾以及西藏之外的全国其他 30 个省（直辖市、自治区）作为旅游碳排放总量测算主体。第一步，明确测算出全国旅游碳排放的整体情况，并按照碳排放量划分为高、中、低三值区，通过数据可视化分析，判定了旅游业碳排放增长发生变化的四个关键时间点；第二步，使用 ArcGIS 作图，选取第一步中的四个关键时间点的数据，将我国 30 个省域旅游碳排放的时空分布进行可视化，并分析全国层面和高、中、低三个值区的旅游碳排放总量特征、强度分布，较为全面地认识我国不同尺度的碳排放情况，有助于后文进一步分析旅游碳排放的影响因素和门槛效应。

　　由于影响我国旅游碳排放的因素很多，且各个地区的旅游产业规模、结构和发展水平等存在差异，不同地区之间的旅游碳排放总量及其演变既存在共同之处又存在差异之处，旅游活动对环境的影响程度也存在较大的差异。这些旅游碳排放总量高的地区，旅游业的规模也相对较大，比如有更多的旅游接待人数、更多的交通车辆等。因此，在各省域内部存在较大差异的情况下，采用"一刀切"的单一测算，难以正确地把握各省域碳排放的真实情况，因而急需在省域层面对各省市的旅游碳排放进行测算和比较。各省域之间由于旅游业发展水平和经济发展结构存在差异，旅游碳排放量及其演变过程存在不同，但通过分析，发现其变化过程存在着一定的规律和相通之处。因此总结出我国旅游碳排放演变特征和基本规律，分析出影响以上变化的关键因素，并进行有针对性的改进显得尤为重要，可以为全国旅游业健康发展提供直观可靠的结论。

第四章　中国旅游碳排放与旅游经济发展的脱钩效应

在生态文明、绿色发展的背景下，以及实现"碳中和""碳达峰"的趋势下，旅游业也要顺应发展大背景，实现高质量绿色发展，如何处理好旅游经济发展和旅游碳排放的关系，转变发展方式，推动旅游业的健康和持续发展，提升碳排放脱钩水平，是实现旅游业高质量发展的重要体现。本章通过分析现有脱钩模型的运用模型，最后选取构建 Tapio 模型，进而计算中国旅游碳排放量与旅游经济规模之间的关系。并根据研究结果来分析二者之间的脱钩状态，在一定程度探索了旅游经济增长与旅游碳排放下降并存的可能性。

第一节　理论基础与模型构建

一、理论基础

经济的发展必然会消耗能源，生产有价值的产品的同时也会产生污染，会对环境有一定的破坏，但是环境污染与经济发展之间的关系究竟如何，相关性有多大，怎样阻断二者的关系，经济合作与发展组织（OECD）提出了脱钩理论，并将其划分为绝对脱钩和相对脱钩。所谓脱钩，是指打破经济增长与环境负荷之间的联系，经济发展不再以大量耗费资源和破坏自然环境为代价，摆脱经济增长必须以牺牲资源环境为代价的现状，在实现经济增长的基础上，使得能源消耗降低和弱化，从源头上防止环境恶化。碳排放指标与脱钩模型在农业、经济、环境等领域研究比较广泛，国外学者非常注重将脱钩模型和指标运用于温室气体减排领域的相关研究，如 OECD 选取了 30 个国家的环境和经济相关数据作为研究主体，选取 39 个指标作为重点测算对象，进行环境与经济脱钩指标的分析。近年来，脱钩理论被广泛用于探讨经济增长与物质消耗尤其是能源消耗之间的关系。随着理论的推广，国内也涌现了一批学者开始关注脱钩，并发表一系列相关研究，这些研究重点关注经济发展与能源消耗特别是碳排放之间脱钩效应的测算以及中国区域经济增长与碳排放脱钩关系分析等。

通常来说，碳排放脱钩主要用来解释经济增长与温室气体排放之间的关系，具体而言，脱钩关系主要表现为经济增长与碳排放之间的相关关系不断弱化，并且最终消失的一个过程。这个过程过于理想化，很难存在真正达到这一绝对脱钩状态的情况。换言之，这就是在保持经济增长稳定的条件下，不断降低能源消费量和水平，实现经济增长与能源消耗之间关系的相对脱钩状态。碳排放的经济增长弹性可用来衡量碳排放脱钩情况，因此，碳排放脱钩指标成为衡量经济低碳发展状况的主要工具。

在旅游领域中，探讨旅游碳排放和旅游经济增长之间关系的研究已经存在，早在 2005 年外国学者 Tapio 为测算欧洲经济发展和碳排放之间的关系，运用经济学知识和数学知识，构建了 Tapio 脱钩弹性模型。Dogana 等（2017）在此基础上进行分层分析，首先探讨了碳排放与实际国内生产总值之间的关系，在明确二者关系的基础上聚焦于旅游业，研究旅游业能源消耗与旅游业发展之间的关系，从整体到局部，使得研究更为全面严谨。Tang 等（2014）运用 1990—2012 年中国旅游业相关数据，分析旅游碳排放和经济增长之间的脱钩关系，证明了在此期间中国旅游经济增长速度相对旅游碳排放速度处于领先水平，对资源的消耗的收益是正向的。分析完全国层面，学者开始聚焦更细的层面，杨莎莎等（2014）关注旅游业的局部发展情况，选取桂林、沿海区域及新疆的旅游业相关数据，对以上三个区域的旅游业和经济增长关系进行脱钩分析。更有学者将旅游市场进行细分，马继等（2019）关注中国入境游市场，探讨入境游旅游碳排放和经济增长的脱钩特征规律，证明了入境游情形下，旅游碳排放和经济增长的关联性表现为由增长连接向弱脱钩过渡的走向。

目前，国内外关于旅游碳排放和经济增长关系的脱钩的相关文献已经相当丰富，研究的内容也相当丰富，但是现有的研究关于省域尺度的脱钩研究还有所不足。因为省域尺度下，旅游碳排放的构成及总量的测算方面存在难度，需要多方面统计数据的计算和整合，在此基础上才能对省域尺度下的旅游碳排放与经济增长进行脱钩分析。虽然存在难度，但省域尺度下的研究势在必行，只有明确省域旅游碳排放和经济增长之间的关系，才能为全省旅游业的良好发展提供相关依据和指导方案，明确旅游业发展节能减排和科学治理的计划和目标，促进旅游业高质量发展。本章从旅游业发展角度出发，通过对现有文献分析和回顾，找到研究切入点，通过对旅游业相关数据的查找和整理，结合现有的相关模型和分析方法，估算中国 30 个省份旅游碳排放与旅游经济增长之间的脱钩关系，为制订有针对性的旅游业碳减排措施做初步探讨。

二、脱钩指标的构建

通过对现有文献的整理，得出目前构建的脱钩指标的主流方法包含两种途径，第一种途径是 OECD 脱钩指标构建模式，第二种途径是 Tapio 脱钩指标构建模式。

（一）OECD 脱钩指标构建模式

根据 OECD 的相关研究，其将脱钩状态细分为相对脱钩和绝对脱钩两种模式，两种模式代表不同的经济增长和资源消耗的关系。相对脱钩的含义表现为经济在实现增长的情况下，资源消耗和环境污染的情况虽然存在，且总量在逐渐增加，但是增长率相对较低，或者是在经济发展的过程中，资源消耗和环境污染的增长率在逐渐减少，三者之间差的绝对值越来越大；在相对脱钩的基础上，进行严格的操控，即可转化为绝对脱钩，绝对脱钩是在增长保持持续增长的情况下，产生的资源消耗和环境污染总量不断下降，不再以牺牲环境为代价。以上两种模式同时也阐述了不同的脱钩程度，但是根据对 OECD 的相关文献的梳理，发现其脱钩模型仅考虑了单一的经济发展状态，由于经济发展状况存在正向增长、负向增长或经济衰退几种情况，因此，模型需要进行细化修正，调整为依据经济增长率与环境压力变化率判断二者之间的关系，具体如表4-1 所示。

表 4-1　经济发展与环境压力变化特征及脱钩类型判断

特征		判断标准	
经济增长率	环境压力变化率	关系	脱钩类型
$R_e > 0$	$R_{r/e} > 0$	$R_e > R_{r/e}$	相对脱钩
$R_e > 0$	$R_{r/e} > 0$	$R_e < R_{r/e}$	耦合
$R_e < 0$	$R_{r/e} > 0$		耦合
$R_e < 0$	$R_{r/e} < 0$	$R_e > R_{r/e}$	准相对脱钩
$R_e < 0$	$R_{r/e} < 0$	$R_e < R_{r/e}$	耦合
$R_e > 0$	$R_{r/e} < 0$		绝对脱钩

注：R_e 指经济增长率，$R_{r/e}$ 指环境变化率。

OECD 脱钩指标主要用来描述环境压力与经济驱动因素变化的关系，本书以二氧化碳排放表征环境压力（EP），旅游业收入表征经济驱动因素（DF），如果二氧化碳排放的增长快于旅游经济增长，则二者呈现脱钩关系。进一步根据 OECD 相关研究对脱钩状态的解释可知，如果二者关系在表现为正向增长的条件下，旅游经济增长率大于旅游碳排放增长率，此种情况被称为相对脱钩。如果当旅游经济保持稳定增长的状况下，旅游碳排放总量在逐渐减少，就称之为绝对脱钩。

在以上的理论基础上，本研究构建脱钩指数（Decoupling Index，DI）与脱钩因子，根据此模型以便更好地测算脱钩指标构建变化，如下文所列的式（4-1）和式（4-2）所示，式中的具体公式含义为：下标 0 表示基期，T 表示末期。

$$脱钩指数 DI = \frac{EP_T}{DF_T} \bigg/ \frac{EP_0}{DF_0} \qquad 式（4-1）$$

$$脱钩因子 = 1 - 脱钩指数 \qquad 式（4-2）$$

（二）Tapio 脱钩指标构建模式

Tapio 为测算欧洲经济发展和碳排放之间的关系，运用经济学知识和数学知识，创新性地将交通运输作为研究的中间变量，并通过巧妙的分解分析，将运输量作为交通运输的指标，并探讨运输量和 GDP 及碳排放量之间的脱钩弹性关系，现在学者将以上两种关系命名为产业发展弹性和产业排放弹性。一般的脱钩弹性指标的公式如式（4-3）所示。

$$e_{(CO_2, GDP)} = \left(\frac{\frac{\Delta V}{V}}{\frac{\Delta GDP}{GDP}} \right) \times \left(\frac{\frac{\Delta CO_2}{CO_2}}{\frac{\Delta V}{V}} \right) \qquad \text{式（4-3）}$$

其中 $e_{(CO_2, GDP)}$ 表示经济发展与碳排放之间的脱钩弹性指标，V 为交通运输量。

Tapio 根据脱钩弹性值的大小定义了八种脱钩状态，如表 4-2 所示。

表 4-2　Tapio 对八种脱钩状态的划分

项目		环境压力	经济增长	弹性
负脱钩	扩张负脱钩	EP > 0	DF > 0	e > 1.2
	强负脱钩	EP > 0	DF < 0	e < 0
	弱负脱钩	EP < 0	DF > 0	0 < e < 0.8
脱钩	弱脱钩	EP > 0	DF > 0	0 < e < 0.8
	强脱钩	EP < 0	DF > 0	e < 0
	衰退脱钩	EP < 0	DF < 0	e > 1.2
连接	增长连接	EP > 0	DF > 0	0.8 < e < 1.2
	衰退连接	EP < 0	DF < 0	0.8 < e < 1.2

资料来源：根据 Tapio P. Towards a theory of decoupling：Degrees of decoupling in the EU and the case of road traffic in Finland between 1970 and 2001 ［J］. Journal of Transport Policy，（12），2005：137-151 整理。

从以上比较中不难发现，Tapio 脱钩指标具有 OECD 脱钩指标难以比拟的优势。主要表现为以下几点：第一，OECD 脱钩指标在进行测算时，会受到时间段基期的影响，时间基期核算的结果非常不稳定，选择的时间基期不同，结果不同，甚至是天差地别，也难以找到变化规律，严重影响了脱钩状态的判别。第二，与 OECD 脱钩指标不同的是 Tapio 脱钩指标是弹性分析，即使时间基期和统计量纲存在差异，测算结果也较为稳定。此外，Tapio 脱钩指标可以通过因果链分解，能够明确出研究中的相关变量对脱钩指标产生的影响。明确这些影响因素的作用机制，可以发现影响我国节能减排的重大影响因素及影响机制，有助于科学地做出节能减排政策和实施方式。第三，Tapio 脱钩指标有八种脱钩状态，而 OECD 脱钩指标只有两种，且前者更为细致和全面，可以精确科学地测算出多区域多时间段的不同经济发展状态下经济发展和碳排放之间的脱钩关系。

第二节　变量与指标选取

一、变量的选取

目前，国内外学者在研究经济增长与碳排放关系问题上多运用 Tapio 脱钩模型，因此，基于现有研究经验，本研究也选择采用上述方法来对我国旅游碳排放与旅游经济增长之间的关系进行深入探讨。本研究根据前文对测算方法的讨论最终选择了自下而上的核算方法作为计算旅游碳排放量的手段，在此基础上，通过分析比较 Tapio 脱钩指标和 OECD 脱钩指标的优劣和适用性，得出 Tapio 脱钩模型对于旅游碳排放和旅游经济增长关系的计算更为合适，变量计算公式如式（4-4）所示。

$$D = \frac{\Delta CO_2}{\Delta LYP} = \frac{(CO_2{}^t - CO_2{}^0)/CO_2{}^0}{(\Delta LYP^t - \Delta LYP^0)/\Delta LYP^0} \qquad 式（4-4）$$

式（4-4）中，字母 D 表示旅游碳排放与旅游经济增长的脱钩指数，本研究选择采用旅游业收入代表旅游经济状况，ΔCO_2 与 ΔLYP 分别代表旅游碳排放增长率与旅游经济增长率，0 与 t 分别表示基期与报告期数据，LYP 与 CO_2 分别表示旅游收入与旅游碳排放。

二、脱钩形态

根据表 4-2 中 Tapio 对八种脱钩状态的划分，以及现有文献的研究结果，结合我国旅游业发展的现状，对表 4-2 中的八种脱钩状态中国化的情景阐释如下。（1）扩张负脱钩：旅游碳排放量与旅游收入都处于增长状态，但是旅游业碳排放的增长速度相对增长更快，即旅游经济增长的同时带来了大量的碳排放。（2）强负脱钩：意味着旅游碳排放量处于增长的水平，但是旅游业旅游收入处于衰减状态，换言之，旅游经济发展呈现衰退趋势。（3）弱负脱钩：旅游碳排放量与旅游收入都处在不断减少的情况，同时后者的减少速度相较于前者更快。（4）弱脱钩：旅游碳排放量与旅游收入都表现出不断增长的状态，同时后者的增长速度相对来说更快。（5）强脱钩：意味着旅游碳排放量处于不断衰减的状态，但是与此同时，旅游收入却处于不断增长的状态，这代表了旅游碳排放与旅游经济发展关系的理想状态。（6）衰退脱钩：意味着旅游碳排放量与旅游收入都处于不断减少的状态，与此同时，前者的减少速度相对来说更快。（7）增长连接：意味着旅游碳排放量与旅游收入同幅增长，两者处于未脱钩形态。（8）衰退连接：表示旅游碳排放与旅游收入同幅减少，两者处于未脱钩形态。

第三节　脱钩效应检验

一、我国旅游碳排放与旅游经济脱钩指标测算

本书主要借鉴了自下而上的测算方法，对中国旅游业的能源消耗和二氧化碳排放进行了初步测算，得出了 2005—2016 年各省份的旅游碳排放总量。进一步，参照 Tapio 脱钩模型计算其与旅游经济增长之间的关系，采用公式（4-4）。经过计算，可得表 4-3。

表 4-3　2005—2016 年中国旅游碳排放与旅游经济增长脱钩指标

年份 地区	2005	2006	2007	2008	2009	2010	2011	2012	2013	2014	2015	2016
北京	0.2809	0.8867	0.3483	-0.7251	0.7385	0.6896	0.9441	0.6409	0.4777	1.2768	1.1180	0.5071
天津	1.6226	1.7074	1.2420	0.2468	-0.9265	0.5835	3.2631	0.2282	0.6483	0.8860	1.0704	1.1944
河北	-2.8825	0.7634	0.8672	0.2375	0.9284	7.1575	0.9706	0.7655	0.6080	0.5887	0.6712	1.8535

续表

年份 地区	2005	2006	2007	2008	2009	2010	2011	2012	2013	2014	2015	2016
山西	3.4937	1.0103	−0.8600	0.3795	−1.9053	−0.5651	0.8781	0.4150	1.2317	0.6739	0.3906	0.2520
内蒙古	0.5463	0.5313	−0.1813	0.7751	0.7316	0.6925	0.6501	0.3910	0.5035	0.3669	0.4743	0.5905
辽宁	−0.0664	0.9455	0.6432	0.6317	0.5576	0.8171	0.6944	0.5249	0.6311	1.4188	0.6084	0.7743
吉林	0.1680	−0.2547	1.0310	0.4558	−0.0565	0.5379	0.5639	0.0195	0.5371	0.8762	0.5344	0.3013
黑龙江	0.6864	0.7541	1.1445	0.8898	1.4672	0.9810	1.2894	1.4000	2.5329	2.6314	0.5186	0.9112
上海	0.2291	0.8575	0.8389	−17.9560	0.8044	2.0020	1.6120	−0.3326	−1.1025	20.6185	4.1465	1.0290
江苏	0.5503	0.6486	0.5488	0.2839	0.7290	0.2053	1.3352	0.6184	1.2342	0.7342	0.6540	0.7864
浙江	1.0741	1.2316	1.0952	0.7001	1.0629	0.6127	0.0727	1.1007	0.3478	0.7170	0.9066	1.0970
安徽	0.1546	0.8770	0.5389	1.0549	0.6067	0.9291	0.6442	0.9007	0.6213	1.0578	1.1332	0.8391
福建	0.8966	1.1233	0.8501	2.7672	0.7271	0.6254	1.0251	1.0383	1.0918	1.0389	0.9730	0.9234
江西	0.8095	0.8133	0.8725	0.6146	0.6126	0.2789	1.5060	1.0925	−1.0114	0.1487	0.5264	0.4891
山东	0.9528	0.8775	0.7425	0.6331	0.8771	0.7300	1.0078	0.7664	0.7617	0.7558	0.8489	0.8009
河南	1.0985	0.8100	1.0418	0.6656	0.6620	0.5598	0.8444	0.9002	1.0890	0.6077	1.5187	1.2751
湖北	1.0743	0.8508	0.9380	0.1609	0.5902	1.0942	0.7570	0.7360	0.8858	0.7482	0.6922	0.7342
湖南	0.1140	1.9037	0.5935	4.2493	−0.4480	0.6717	1.1798	0.9189	1.4478	0.9372	0.7889	1.1286
广东	1.1683	−0.5581	0.6303	−0.0137	1.7109	0.2911	1.1154	0.6091	1.0090	0.3966	1.1127	0.9888
广西	0.8924	−3.6780	1.6130	1.0900	0.2592	8.9568	0.6279	0.6788	0.7457	0.6244	0.7537	0.7667
海南	0.5387	1.0879	0.2878	2.2355	0.4288	−0.3514	0.1649	0.3662	−0.0107	0.9736	1.5734	0.7456
重庆	1.4344	1.0074	0.6155	0.7660	0.5661	1.0039	1.0228	0.9871	0.9711	1.0334	0.8551	0.8809
四川	0.4672	0.7303	0.6402	0.7741	0.9102	−0.5685	3.8076	0.3151	0.5484	0.5158	0.3952	0.2636
贵州	0.4894	0.8338	0.8213	0.8147	1.1734	0.8047	0.9332	0.8713	0.9410	0.9272	0.9304	1.0070
云南	2.1137	1.9074	1.1392	−1.2243	1.1292	−0.4872	0.3502	0.1369	1.2912	0.5764	−0.2707	0.1937
陕西	0.6130	0.3128	0.1011	0.7336	0.5902	0.5056	1.0344	0.3024	0.8218	1.3425	0.3710	0.2437
甘肃	1.7990	0.8996	0.8853	−0.3170	1.0638	1.1374	0.7398	0.8366	−1.5450	0.4488	0.4205	1.9292

续表

年份 地区	2005	2006	2007	2008	2009	2010	2011	2012	2013	2014	2015	2016
青海	0.7513	0.6125	0.8975	-9.3987	0.7855	0.2422	0.5662	0.1291	0.5880	0.4776	0.3716	0.3719
宁夏	0.9775	0.3622	0.7287	0.3820	0.3488	0.4986	0.6994	0.6126	1.3149	-0.4883	1.1273	0.4863
新疆	0.5071	1.1751	0.8066	3.4286	-0.4201	0.5367	0.3587	0.6338	0.3109	2.4098	0.4530	1.4479

二、我国旅游碳排放与旅游经济脱钩关系分析

根据表 4-3 的结果，结合 Tapio 对八种脱钩状态的划分，可得出我国旅游碳排放与旅游经济增长脱钩关系，如表 4-4 所示。

表 4-4　2005—2016 年中国旅游碳排放与旅游经济增长脱钩关系

年份 地区	2005	2006	2007	2008	2009	2010	2011	2012	2013	2014	2015	2016
北京	弱脱钩	增长连接	弱脱钩	强负脱钩	弱脱钩	弱脱钩	增长连接	弱脱钩	弱脱钩	衰退脱钩	增长连接	弱脱钩
天津	强负脱钩	强负脱钩	强负脱钩	弱脱钩	强负脱钩	弱脱钩	强负脱钩	弱脱钩	弱脱钩	增长连接	增长连接	增长连接
河北	强负脱钩	增长连接	增长连接	弱脱钩	增长连接	衰退脱钩	增长连接	弱脱钩	弱脱钩	弱脱钩	弱脱钩	衰退脱钩
山西	衰退脱钩	增长连接	强负脱钩	弱脱钩	强负脱钩	强负脱钩	增长连接	弱脱钩	增长连接	弱脱钩	弱脱钩	弱脱钩
内蒙古	弱脱钩	弱脱钩	强负脱钩	弱脱钩	弱脱钩	弱脱钩	弱脱钩	弱脱钩	弱脱钩	弱脱钩	弱脱钩	弱脱钩
辽宁	强负脱钩	增长连接	弱脱钩	弱脱钩	弱脱钩	增长连接	弱脱钩	弱脱钩	弱脱钩	增长连接	弱脱钩	弱脱钩
吉林	弱脱钩	强负脱钩	增长连接	弱脱钩	强负脱钩	弱脱钩	弱脱钩	弱脱钩	弱脱钩	增长连接	弱脱钩	弱脱钩
黑龙江	弱脱钩	弱脱钩	增长连接	增长连接	增长连接	增长连接	增长连接	增长连接	增长连接	弱脱钩	增长连接
上海	弱脱钩	增长连接	增长连接	强负脱钩	增长连接	增长连接	增长连接	增长连接	增长连接	增长连接	增长连接	增长连接

续表

地区\年份	2005	2006	2007	2008	2009	2010	2011	2012	2013	2014	2015	2016
江苏	弱脱钩	弱脱钩	弱脱钩	弱脱钩	弱脱钩	弱脱钩	增长连接	弱脱钩	增长连接	弱脱钩	弱脱钩	弱脱钩
浙江	增长连接	衰退脱钩	增长连接	弱脱钩	增长连接	弱脱钩	弱脱钩	增长连接	弱脱钩	弱脱钩	增长连接	增长连接
安徽	弱脱钩	增长连接	弱脱钩	增长连接	弱脱钩	增长连接	弱脱钩	增长连接	弱脱钩	增长连接	增长连接	增长连接
福建	增长连接	增长连接	增长连接	增长连接	弱脱钩	弱脱钩	增长连接	增长连接	增长连接	增长连接	增长连接	增长连接
江西	增长连接	增长连接	增长连接	弱脱钩	弱脱钩	弱脱钩	增长连接	增长连接	增长连接	弱脱钩	弱脱钩	弱脱钩
山东	增长连接	增长连接	弱脱钩	弱脱钩	增长连接	弱脱钩	增长连接	弱脱钩	弱脱钩	弱脱钩	增长连接	增长连接
河南	增长连接	增长连接	增长连接	弱脱钩	弱脱钩	增长连接	增长连接	增长连接	弱脱钩	增长连接	衰退脱钩
湖北	增长连接	增长连接	增长连接	弱脱钩	弱脱钩	增长连接	弱脱钩	增长连接	弱脱钩	弱脱钩	弱脱钩
湖南	弱脱钩	衰退脱钩	弱脱钩	增长连接	衰退脱钩	弱脱钩	增长连接	增长连接	增长连接	增长连接	弱脱钩	增长连接
广东	增长连接	衰退脱钩	弱脱钩	强负脱钩	增长连接	弱脱钩	增长连接	弱脱钩	增长连接	弱脱钩	增长连接	增长连接
广西	增长连接	衰退脱钩	衰退脱钩	增长连接	弱脱钩	增长连接	弱脱钩	弱脱钩	弱脱钩	弱脱钩	弱脱钩	弱脱钩
海南	弱脱钩	增长连接	弱脱钩	增长连接	弱脱钩	衰退脱钩	弱脱钩	弱脱钩	衰退脱钩	增长连接	增长连接	弱脱钩
重庆	衰退脱钩	增长连接	弱脱钩	弱脱钩	弱脱钩	增长连接	增长连接	增长连接	增长连接	增长连接	增长连接	增长连接
四川	弱脱钩	弱脱钩	弱脱钩	弱脱钩	增长连接	衰退脱钩	增长连接	弱脱钩	弱脱钩	弱脱钩	弱脱钩	弱脱钩
贵州	弱脱钩	增长连接	增长连接	增长连接	增长连接	增长连接	增长连接	增长连接	增长连接	增长连接	增长连接	增长连接

续表

年份 地区	2005	2006	2007	2008	2009	2010	2011	2012	2013	2014	2015	2016
云南	衰退脱钩	衰退脱钩	增长连接	强负脱钩	增长连接	衰退脱钩	弱脱钩	弱脱钩	增长连接	弱脱钩	衰退脱钩	弱脱钩
陕西	弱脱钩	弱脱钩	弱脱钩	弱脱钩	弱脱钩	弱脱钩	增长连接	弱脱钩	增长连接	增长连接	弱脱钩	弱脱钩
甘肃	衰退脱钩	增长连接	增长连接	强负脱钩	增长连接	增长连接	弱脱钩	增长连接	衰退脱钩	弱脱钩	弱脱钩	衰退脱钩
青海	弱脱钩	弱脱钩	增长连接	强负脱钩	弱脱钩	弱脱钩	弱脱钩	弱脱钩	弱脱钩	弱脱钩	弱脱钩	弱脱钩
宁夏	增长连接	弱脱钩	弱脱钩	弱脱钩	弱脱钩	弱脱钩	弱脱钩	弱脱钩	增长连接	衰退脱钩	增长连接	弱脱钩
新疆	弱脱钩	增长连接	增长连接	增长连接	衰退脱钩	弱脱钩	弱脱钩	弱脱钩	弱脱钩	增长连接	弱脱钩	衰退脱钩

　　根据表4-4可知，2005—2016年我国旅游碳排放与旅游经济增长之间的脱钩关系主要表现为四种状态：弱脱钩、衰退脱钩、强负脱钩、增长连接。但是整体来说大多数处于弱脱钩、增长连接状态，换言之，就是二者的状态可以解释为旅游经济在保持快速增长的状况下，旅游碳排放也处于快速增长的情况，但是前者的速度相对来说更加迅速。我国旅游碳排放脱钩弹性指标基本上处于较平稳的状态。根据检验结果，未来一段时间内，预计我国旅游碳排放与旅游经济增长之间的脱钩关系仍将以弱脱钩状态和增长连接状态为主。

　　根据表4-3可以看出，整体而言，我国主要省份旅游经济发展与旅游碳排放之间的脱钩关系在不同年份之间会出现波动现象，具体而言，从2005年到2008年脱钩弹性指标不断上升，反映出旅游碳排放随旅游经济快速增长而增长的粗放增长模式；2009年、2010年出现了增长连接较多的情况，可以解释为2009年和2010年全球金融危机之后的刺激计划促进了经济发展，但与此同时，资源消耗也随之加剧，碳排放总量也随之增加，所以这几年显现为增长连接较多，表明旅游碳排放量与旅游收入同幅增长，两者处于未脱钩形态。

　　根据检验结果，可以预计，未来随着我国旅游经济的平稳增长，短时期内旅游碳排放难以出现较大下降趋势，因此我国旅游经济增长与碳排放的弱脱钩关系仍将持续一段较长时间。如要实现我国旅游碳排放的强脱钩，即最理想的状态，就必须加快旅游业的节能减排，除了在技术层面加大研发，同时在技术的应用支撑政策方面加大支持力度，这是一个受多种因素影响的系统工程，因此，实现我国旅游碳排放与旅游经济增长的强脱钩，难度较大。同时，受疫情的影响，旅游业发展出现了萎缩，在这种情况下，未来我国旅游碳排放与旅游经济增长的脱钩关系可能出现衰退连接，即旅游碳排放和旅游经济增长都下降，二者呈现未脱钩状态。因此在这种情况下，我们的任务便是通过研究确定未来不同的情景状态下，尤其是以下三种状态下——基准情景、节能情景、低碳情景，结合多种因素核算出我国旅游碳排放情况处于何种状态，预测未来旅游碳排放与旅游经济增长的脱钩弹性的动态发展进程，以期为我国旅游业节能减排、实现高质量发展提出科学路径。

第四节　本章小结

旅游业作为环境友好型产业，对实现"碳中和""碳达峰"的目标和我国双碳社会建设有着积极意义，因此如何处理好旅游经济增长和环境保护的关系，转变发展方式、推动旅游业的健康和持续发展，提升碳排放脱钩水平，是实现旅游业高质量发展的重要体现。

本研究在梳理和分析现有研究的基础上，借鉴了经济学和统计学知识，利用自下而上的测算方法，选择中国 30 个省份为研究对象，对其旅游碳排放进行了初步核算，得出了 2005—2016 年各省份的旅游碳排放总量。进一步，参照采用 Tapio 脱钩模型，进而计算其旅游碳排放量与旅游经济规模之间的关系。根据研究过程中的模型检验结果可知，从整体上来看，我国旅游碳排放与旅游经济增长脱钩状态大多数处于弱脱钩、增长连接状态，这两种状态具体可以解释为旅游经济在保持快速增长的状况下，旅游碳排放也处于快速增长的情况，但是弱脱钩状态下的经济增长速度相对来说更加迅速。而未脱钩状态主要表现为旅游碳排放量增长的幅度与旅游收入增长幅度是同步的，换言之，两者之间的关系也是正向的，由此可见，这一状态下的旅游经济增长与旅游业排放量之间仍然存在一定的压力关系，仍未达到平衡状态。同时，可以根据这一研究结果对当前背景下的旅游经济增长与旅游业碳排放关系做出进一步预测，具体而言，由于受疫情影响，旅游业的发展出现了萎缩，在这种情况下，未来我国旅游碳排放与旅游经济增长的脱钩关系可能出现衰退连接，这一状态主要表现为旅游碳排放和旅游经济均在下降，二者之间的关系也表现为未脱钩的状态，即随着旅游经济发展水平的衰退，旅游业碳排放也在不断减少。

旅游经济的增长必然造成碳排放的增加，因此会给环境带来压力，作为环境友好型产业，旅游业的减排任务和环境压力也很重，根据分析，要实现旅游碳排放与旅游经济增长的脱钩，难度很大，为推进旅游业碳减排，这里提出以下对策建议。

第一，大力发展新能源技术，提高旅游业的能源利用效率，进而提高旅游经济发展质量。可以积极吸收利用国内外好的节能技术和能源再生技术，为旅游业高质量发展提供节能减排技术支撑。把大力推进新技术、新能源，积极号召节能减排等，作为对地方旅游经济发展考核的指标之一，推动旅游目的地建设低碳化、绿色化，加快清洁发展机制的建设和实施，从制度上为旅游业低碳发展提供保障和发展纲领。

第二，加快推进供给侧改革步伐，优化调整旅游业产业结构，加快旅游业产业结构升级。可以通过经济手段、政策手段和行政手段三种方式相结合，优化调整旅游相关企业，规范企业发展。针对发展较为落后的企业，建议其整改转型或者关停，对于资源依赖性强、污染性较高的旅游企业，进行优化控制或者进行资源整合，改变其不良发展态势，对于不符合现有环境政策的企业或项目进行通告和处罚。坚决推行党中央关于供给侧改革方面的方针，鼓励企业发展现代服务业和高新技术产业，助推绿色经济发展。

第三，积极推进生态型旅游目的地建设，加强低碳旅游产品的开发与创新。鼓励知名或者发展先进的旅游目的地研发和推广低碳旅游产品，比如打造精品低碳旅游线路，挖掘低碳餐饮美食，探索低碳环保旅游住宿业态，加强旅游服务全过程的节能减排意识和管理等。通过普及教育，让绿色出行、环保出行等成为每个旅游参与者的自觉意识和自愿行为，从而促进旅游业的碳减排。

第五章　中国旅游经济发展对旅游碳排放的影响：基本分析

第四章中运用脱钩理论验证了中国旅游经济规模与旅游碳排放之间的关系，并根据研究结果分析了二者之间的脱钩状态，在一定程度探索了旅游经济增长与旅游碳排放下降并存的可能性。根据前文的研究结果，旅游碳排放是旅游经济发展所消耗能源的主要非期望产出，因此，为进一步探讨旅游经济增长发展与碳排放之间的关系，本章将依托 EKC 假说等理论，从线性视角出发，运用面板数据和计量经济方法对中国旅游碳排放影响因素展开研究，聚焦于中国旅游经济结构，具体分析旅游业专业化水平、旅游业产业结构以及经济发展水平、环境规制、城镇化率等多种因素与旅游碳排放之间的作用关系与柜互作用机制，为后文探寻中国旅游业的碳减排途径与低碳旅游发展措施提供实证依据。

第一节　理论基础与模型构建

一、EKC理论假说

EKC 是 Environmental Kuznets Curve 的缩写，中文表达为环境库兹涅茨曲线，早在 1950 年，诺贝尔奖获得者、经济学家库兹涅茨就已经开始关注人均收入水平与分配公平程度之间的关系，并且通过构建模型和实证分析提出了这一假说。研究具体的结论表现为，当一个国家或者区域的经济发展水平处于不发达状态下，对国家或区域的生态环境产生的污染程度也相对较低。但随着国家和区域的发展，人均收入逐渐增加，生态环境的污染程度也逐渐加重，二者之间的关系逐渐发展为正向相关的关系，具体而言，生态环境的污染程度会随着经济发展水平的提升而加剧。但是，伴随经济水平的提升，发展到一定程度时，随着人均收入的进一步增加，环境受到污染的程度又会逐渐减缓，并且环境污染程度会从最高点慢慢降低，即环境污染程度随着经济发展水平的提升而不断减弱，这种现象就被称为环境库兹涅茨曲线。

EKC 假说被提出后，环境质量受到越来越多专家学者的关注，并且许多专家和学者分别从不同角度对其展开了深入的研究。例如，Grossman 和 Krueger（1991）在经济增长和环境质量关系研究中，把经济增长细分为规模效应、技术效应和结构效应三个部分。其中，规模效应的具体含义指经济增长通过资源投入增加和污染物排放增加对环境产生负面影响；技术效应则指技术进步对资源使用效率和生产率的提高，以及绿色技术的推广和落地会降低单位污染排放；结构效应阐释为在收入水平提高的基础上，经济发展的产出和投入结构得到升级优化，促进能源密集型的重工业开始整合转型，鼓励绿色低碳的服务业和知识密集型的产业发展，因此使得污染产出极大改善。并且进一步分别验证了这三种因素对环境质量的影响机制，研究发现旅游业产业结构与旅游碳排放之间的关系也非常密切。此外，关于环境规制、市场机制、环保减污投资等与环境质量密切相关的领域也成为学界关注的热点。

总体而言，EKC 假说能够发现环境质量与收入水平之间的一种动态变化关系，具体而言，在发展前期，环境质量会随着收入水平的增加而不断退化，到了发展后期，当收入水平上升到一定程度之后又随收入的增加而逐渐得到改善，用图表示为环境质量与收入水平呈倒 U 形曲线。EKC 曲线如图 5-1 所示。

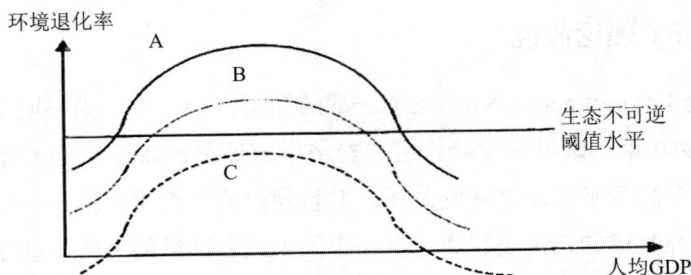

图 5-1　环境库兹涅茨曲线示意

二、模型构建

本研究将运用逐步回归分析方法（stepwise regression）来构建影响因素模型，对旅游碳排放影响因素进行实证分析研究，基本思路是通过筛选现有大量变量，通过现有研究分析，结合我国现状，从中找出有较大影响力的变量。并运用经济学和统计学的理论知识，构建回归分析的预测或解释模型，具体而言，即将选取的自变量一个一个引入研究框架，其中，并不是每个自变量都能被引入，自变量必须满足偏回归平方和显著的条件才能被引入。此后，在引入新的自变量的基础上，也需要逐个检验原有的自变量的偏回归平方和，保证自变量的显著性，若不显著则必须立即删除。这样一直边引入边剔除，直到既无新变量引入也无旧变量删除为止。它的实质是建立"最优"的多元线性回归方程，增加回归结具的稳健性。

本研究选取逐步回归法选择变量，此方法的操作过程主要包含以下程序：首先，需要通过判断回归模型中变量的偏回归平方和的显著性，删除不显著的变量。其次，需要在现有的回归模型中不断地增加新的变量，通过文献分析总结，常用的逐步型选元法主要有两种：向前法和向后法。本研究将运用向前法进行变量的选择，这样变量会由少到多，每次增加一个，直至没有可引入的变量为止，具体步骤如下：

步骤 1：对 p 个回归自变量 X_1，X_2，X_3，$\cdots$，X_p，分别同因变量 Y 建立一元回归模型。

$$Y = \beta_0 + \beta_i X_i + \varepsilon \qquad i = 1, \cdots, p$$

计算变量 X_i，相应的回归系数的 F 检验统计量的值，记为 $F_1^{(1)}, \cdots, F_p^{(1)}$，取其中的最大值 $F_{i_1}^{(1)}$，即

$$F_{i_1}^{(1)} = max \left\{ F_1^{(1)}, \cdots, F_P^{(1)} \right\}$$

对给定的显著性水平 α，记相应的临界值为 $F^{(1)}$，$F_{i_1}^{(1)} \geqslant F^{(1)}$，则将 X_{i_1} 引入回归模型，记 I_1 为选入变量指标集合。

步骤 2：建立因变量 Y 与自变量子集。

$\{X_{i_1}, X_1\}$，$\cdots$，$\{X_{i_1}, X_{i_1-1}\}$，$\{X_{i_1}, X_{i_1+1}\}$，$\cdots$，$\{X_{i_1}, X_p\}$ 的二元回归模型，共有 $p-1$ 个。计算变量的回归系数 F 检验的统计量值，记为 $F_k^{(2)}$（$k \notin I_1$），选

其中最大者，记为 $F_{i_2}{}^{(2)}$，对应自变量脚标记为 i_2，即

$$F_{i_2}{}^{(2)} = max\left\{F_1{}^{(2)}, \cdots, F_{i_1-1}{}^{(2)}, F_{i_1+1}{}^{(2)}, \cdots, F_P{}^{(2)}\right\}$$

对给定的显著性水平 α，记相应的临界值为 $F^{(2)}$，$F_{i_2}{}^{(2)} \geqslant F^{(2)}$ 则变量 X_{i_2} 引入回归模型。否则，终止变量引入过程。

步骤 3：考虑因变量对变量子集 $\{X_{i_1}, X_{i_2}, X_k\}$ 的回归，重复步骤 2。

根据方法重复进行，每次从未引入回归模型的自变量中选取一个，直到经检验没有变量引入为止。

第二节　数据构造

一、被解释变量

本章主要研究中国旅游碳排放的影响因素，因此本模型中的被解释变量主要是旅游碳排放指标，本研究选取两个变量作为模型的主要测算指标：旅游碳排放总量和碳排放强度。

（一）旅游碳排放总量

如要测算旅游碳排放强度，则必须明确旅游碳排放总量指标，在此基础上才可以计算前者。前文中，已经采用自下而上的测算方法对中国旅游碳排放总量进行了估算，具体的计算原理是运用自下而上的方法将全国各省域旅游交通、旅游住宿和旅游活动的碳排放量进行分别计算，再最后加总得出。本模型主要运用全国 2000—2016 年的旅游碳排放总量的相关数值作为衡量指标。

（二）旅游碳排放强度

通过现有文献的梳理，明确了旅游碳排放总量是一个反映区域旅游碳排放的绝对值量，由于各区域的人口数量、旅游经济发展水平等都各不相同，因此该指标并不能真实反映各区域旅游业的碳排放效率，为此本研究选取旅游碳排放强度作为本模型的被解释变量，具体计算公式表示为旅游碳排放量与对应区域的旅游业的比值，以更准确地衡量和反映各省域层面旅游业的碳排放贡献效率。本模型中的被解释变量数据为 2000—2016 年中国旅游业的碳排放强度，

用符号 $tourco_2$ 表示。

二、核心解释变量

在逐步回归模型的核心解释变量选择方面，本研究主要根据 EKC 假说，选择旅游业专业化水平和旅游业产业结构作为本研究模型的核心解释变量。

（一）旅游业专业化水平

旅游业专业化水平为旅游总收入占 GDP 的比重。根据 EKC 假说，环境质量与收入水平之间存在着倒 U 形曲线的变化关系，对旅游业而言，区域旅游收入与区域旅游碳排放之间关系密切，因此本研究选择旅游业专业化水平作为核心解释变量。由于全国各省域的经济发展和物价水平等都各不相同，受其影响，各区域旅游收入的绝对值并不能真实反映各区域的旅游业发展水平，为此，本研究用各省域的旅游总收入与该区域的 GDP 比值来表示其旅游业专业化水平，用符号 $tourzyh$ 表示。

（二）旅游业产业结构

旅游业产业结构为第三产业占国民经济产业的比重，在 Grossman 和 Krueger（1991）的经济增长和环境质量关系研究中，把经济增长细分为规模效应、技术效应和结构效应三个部分，并且进一步分别验证了这三种因素对环境质量的影响机制，研究发现旅游业研究产业结构与旅游碳排放之间的关系也非常密切。基于此，本研究也选择旅游业产业结构作为另一核心解释变量探讨其对旅游业碳排放的影响。旅游业又隶属于服务行业，食、住、行、游、购、娱都涉及服务业的方方面面，因此本研究用区域第三产业 GDP 占地区 GDP 比重来表示旅游业产业结构，用符号 $tourstr$ 表示。

三、控制变量

在逐步回归模型控制变量的选择方面，本研究主要依据前文所阐述的旅游碳排放影响因素相关理论和已有研究成果的文献分析梳理，对本研究模型中的控制变量做出如下选择设定：

（一）经济发展水平

根据现有国内外研究的论证，区域经济发展水平与旅游业发展有着紧密的关系，具体表现为经济发展水平越高，人均可支配旅游收入也相对更高，且区域公共服务配套设施也会更完善，与旅游相关的酒店、购物、交通、娱乐业等行业更繁荣，从而对旅游业发展在一定程度上起到推动作用。为更真实反映区域经济发展水平，消除人口数量的影响，本研究拟用人均 GDP 指标来衡量区域经济发展水平，用符号 *econ* 表示。

（二）对外开放水平

区域的对外开放水平往往代表着该地区更先进的管理思想、模式和技术的流入，根据 Grossman 和 Krueger 的观点，技术效应会同时对经济增长和环境质量产生影响，在此基础上，本研究还需要考虑对外开放水平作为重要控制变量，在本研究模型中，将借鉴吴芳梅（2016）等人的做法，用进出口总额占 GDP 比重来衡量该指标，用符号 *open* 表示。

（三）城镇化水平

旅游碳排放与区域旅游经济发展水平密切相关，而旅游经济发展水平和当地的城镇化水平也相关密切。一般而言，城镇化水平越高，当地的基本配套设施和公共服务水平将越好，也更能支持旅游经济的发展。因此，城镇化水平是本研究需要重点考虑的控制变量，本研究拟用常住城镇人口占常住人口比重衡量区域城镇化水平，用符号 *czh* 表示。

（四）环境规制水平

绿色发展是新时代中国发展的主题，为促进社会经济和生态环境的和谐发展，我国不仅制定了非常严厉的环境保护政策，并采取了各种积极有效的措施，如划定生态红线、积极进行污染治理等以促进经济发展和环境保护的"双赢"，环境管制对旅游经济发展和碳排放的影响是不言而喻的，因此，该指标是本研究模型中不可忽视的重要控制变量，由于环境管制难于量化，本研究借鉴徐晶晶（2015）等学者的做法，用环境污染治理投资占 GDP 比重来进行衡量，用符号 *hjgz* 表示。

（五）基础设施水平

旅游业的发展离不开基础和配套服务设施的支持，尤其是作为旅游业三大支柱产业之一的旅游交通是旅游经济发展所不可缺少的重要基础设施，没有良好的交通可进入性，一切的旅游活动也都无从开展，当然交通也是一把双刃剑，在促进旅游经济发展的同时，也会带来大量的能源消耗和碳排放产出。因此，本研究模型中将基础设施水平也作为一项重要的控制变量，考虑到交通运营条件的重要性，本研究用每平方公里铁路运营里程来衡量区域的基础设施水平，用符号 *infra* 表示。

本研究影响因素指标的选取及说明如表 5-1 所示。

表 5-1 中国旅游碳排放影响因素指标选取及说明

影响因素	指标选取	变量符号	具体指标
核心解释变量	旅游业专业化水平	*tourzyh*	各省域的旅游总收入与该区域的 GDP 比值
	旅游业产业结构	*tourstr*	区域第三产业 GDP 占地区 GDP 比重
控制变量	经济发展水平	*econ*	人均 GDP
	对外开放水平	*open*	进出口总额占 GDP 比重
	城镇化水平	*czh*	常住城镇人口占常住人口比重
	环境规制水平	*hjgz*	环境污染治理投资占 GDP 比重
	基础设施水平	*infra*	每平方公里铁路运营里程

四、数据来源

本书研究对象主要是中国 30 个省份，研究数据主要是 2000—2016 年各省份的平衡面板数据。其中，旅游碳排放数据来源主要是前文第三章根据相应测算方法测算出的碳排放量；旅游业专业化水平指标数据主要来源于《中国旅游年鉴》（2001—2017），并进行了相应数据转化；其他数据均来源于《中国统计年鉴》（2001—2017）、《中国环境统计年鉴》（2001—2017）和《中国贸易外经统计年鉴》（2001—2017）等。

第三节 实证分析

在将数据带入 Stata 软件进行运算之前，为保持数据的平稳性和消除异方差，依据现有文献论证，证明取自然对数法比较科学合理，具有不影响变量间协整关系的优点，需要对现有变量进行预处理，取其自然对数作为运算数据，也可以消除以上所有绝对值变量与被解释变量"旅游碳排放强度"在量纲上的差别。之后，笔者再分别对两个核心解释变量"旅游业专业化水平"和"旅游业产业结构"进行逐步回归分析。

一、旅游业专业化水平分析

（一）基准模型逐步回归

通过对现有回归模型相关文献的梳理，在模型回归的过程中需要注意多重共线性对计量模型的干扰，为了研究模型和研究结果的科学性和合理性，采用逐步归纳变量回归法，对全样本的基准模型进行测算，回归结果如表 5-2 所示。为了便于比较，第（1）列为以旅游碳排放强度为被解释变量，且不包含任何控制变量的固定效应（FE）的回归结果，核心解释变量旅游业专业化水平的回归系数为 -0.767，且在 1% 统计水平显著，说明旅游业专业化水平对旅游碳排放强度有负向影响作用；考虑到地区差异及时间趋势等的影响，从第（2）列开始逐步加入其他控制变量，随着控制变量经济发展水平（lnecon）、对外开放水平（lnopen）、城镇化水平（lnczh）、环境规制水平（lnhjgz）、基础设施水平（lninfra）等的逐步加入，所有变量的符号基本全部保持一致，说明估计结果具有很强的稳健性。同时，核心解释变量旅游业专业化水平始终显著负向，但绝对值有所减少，说明若忽视省份差异和时间趋势，以及旅游碳排放强度的可能影响因素，则会高估旅游业专业化水平对旅游碳排放强度的影响效应。

表 5-2　旅游业专业化水平的基准模型逐步回归结果

	（1）	（2）	（3）	（4）	（5）	（6）
	FE_output1	FE_output2	FE_output3	FE_output4	FE_output5	FE_output6
VARIABLES	$lnCO_2\_sr$	$lnCO_2\_sr$	$lnCO_2\_sr$	$lnCO_2\_sr$	$lnCO_2\_sr$	$lnCO_2\_sr$
lntourzyh	-0.767***	-0.501***	-0.487***	-0.543***	-0.533***	-0.533***
	（0.0433）	（0.0643）	（0.0632）	（0.0698）	（0.0697）	（0.0698）

续表

	（1）	（2）	（3）	（4）	（5）	（6）
	FE_output1	FE_output2	FE_output3	FE_output4	FE_output5	FE_output6
lnecon		−0.228***	−0.206***	−0.326***	−0.331***	−0.330***
		（0.0418）	（0.0415）	（0.0773）	（0.0771）	（0.0776）
lnopen			0.195***	0.165***	0.166***	0.166***
			（0.0516）	（0.0541）	（0.0539）	（0.0540）
lnczh				0.712*	0.770**	0.778**
				（0.388）	（0.388）	（0.392）
lnhjgz					−0.0425*	−0.0427*
					（0.0226）	（0.0227）
lninfra						−0.00675
						（0.0444）
Constant	−3.359***	−0.414	−1.661***	0.0993	0.0224	−0.0152
	（0.100）	（0.550）	（0.632）	（1.148）	（1.145）	（1.172）
Observations	390	390	390	390	390	390
R-squared	0.467	0.507	0.526	0.531	0.535	0.536
Number of id	30	30	30	30	30	30

Standard errors in parentheses
*** $p < 0.01$, ** $p < 0.05$, * $p < 0.1$

（二）参数估计

在实证研究策略上，我们采用面板普通最小二乘法（OLS）进行参数估计，表5-3第（1）~（5）列分别报告了面板最小二乘法的初步估计结果，其中，第（1）列为混合回归估计结果，第（2）列为固定效应（FE）估计结果，第（3）列是随机效应（RE）估计结果，第（4）列则是采用面板修正标准差估计（Panels Corrected Standard Errors，PCSE）Prais-Winsten方法进行的回归，第（5）列是采用Driscoll-Kraay标准误进行的回归。回归结果显示，第4列

PCSE 回归结果的拟合优度为 0.682，达到最高，证明该回归结果相对最理想，后文将以其为依据进行回归结果的解读。

表 5-3 旅游业专业化水平的回归结果

VARIABLES	（1） pooled_output $lnCO_2\_sr$	（2） FE_outputro $lnCO_2\_sr$	（3） RE_output $lnCO_2\_sr$	（4） PCSE_output $lnCO_2\_sr$	（5） fe_dris_kraay $lnCO_2\_sr$
lntourzyh	−0.483***	−0.533***	−0.537***	−0.441***	−0.533***
	（0.0649）	（0.166）	（0.149）	（0.0715）	（0.0755）
lnecon	−0.415***	−0.330**	−0.370***	−0.279***	−0.330***
	（0.0618）	（0.149）	（0.102）	（0.0824）	（0.0524）
lnopen	0.0170***	0.166**	0.0381*	−0.00238	0.166***
	（0.00608）	（0.0776）	（0.0202）	（0.0172）	（0.0525）
lnczh	0.513***	0.778	0.839*	0.285	0.778**
	（0.164）	（0.846）	（0.445）	（0.243）	（0.269）
lnhjgz	0.0413	−0.0427	−0.0382	0.00397	−0.0427
	（0.0267）	（0.0347）	（0.0331）	（0.00903）	（0.0259）
lninfra	0.0625**	−0.00675	0.00919	−0.0227	−0.00675
	（0.0306）	（0.0413）	（0.0396）	（0.0235）	（0.0142）
Constant	2.251***	−0.0152	1.199	0.444	−0.0152
	（0.769）	（2.230）	（1.358）	（1.034）	（0.828）
Observations	390	390	390	390	390
R-squared	0.326	0.536		0.682	
Number of id		30	30	30	
Number of groups					30

Robust standard errors in parentheses
*** $p < 0.01$, ** $p < 0.05$, * $p < 0.1$

二、旅游业产业结构分析

（一）基准模型逐步回归

同样，以旅游业产业结构分析为核心解释变量，我们也采用逐步纳入变量回归的方式进行全样本的基准模型估计，回归结果列于表5-4。为了便于比较，第（1）列为以旅游碳排放强度为被解释变量，且不包含任何控制变量的固定效应（FE）的回归结果，核心解释变量旅游业产业结构的回归系数为0.389，且在1%统计水平显著，说明旅游业产业结构对旅游碳排放强度有正向影响作用；考虑到地区差异及时间趋势等的影响，从第（2）列开始逐步加入其他控制变量，随着控制变量经济发展水平（lnecon）、对外开放水平（lnopen）、城镇化水平（lnczh）、环境规制水平（lnhjgz）、基础设施水平（lninfra）等的逐步加入，所有变量的符号基本全部保持一致，说明估计结果具有很强的稳健性。同时，核心解释变量旅游业产业结构始终显著正向，只是数值略有减少，说明若忽视省份差异和时间趋势，以及旅游碳排放强度的可能影响因素，则会低估旅游业产业结构对旅游碳排放强度的影响效应。

表5-4　旅游业产业结构的基准模型逐步回归

VARIABLES	（1）FE_output1 $lnCO_2\_sr$	（2）FE_output2 $lnCO_2\_sr$	（3）FE_output3 $lnCO_2\_sr$	（4）FE_output4 $lnCO_2\_sr$	（5）FE_output5 $lnCO_2\_sr$	（6）FE_output6 $lnCO_2\_sr$
lntourstr	0.389***	0.151***	0.130***	0.123***	0.124***	0.124***
	（0.0288）	（0.0384）	（0.0384）	（0.0400）	（0.0398）	（0.0359）
lnecon		−0.356***	−0.346***	−0.299***	−0.306***	−0.306***
		（0.0419）	（0.0414）	（0.0829）	（0.0824）	（0.0829）
lnopen			0.187***	0.198***	0.197***	0.197***
			（0.0556）	（0.0584）	（0.0580）	（0.0583）
lnczh				−0.254	−0.141	−0.142
				（0.389）	（0.390）	（0.393）
lnhjgz					−0.0567**	−0.0567**

续表

	（1）	（2）	（3）	（4）	（5）	（6）
	FE_output1	FE_output2	FE_output3	FE_output4	FE_output5	FE_output6
					（0.0240）	（0.0240）
lninfra						0.00108
						（0.0473）
Constant	−0.352***	2.534***	1.354***	0.610	0.516	0.523
	（0.0938）	（0.350）	（0.493）	（1.241）	（1.233）	（1.265）
Observations	390	390	390	390	390	390
R-squared	0.336	0.448	0.465	0.465	0.474	0.474
Number of id	30	30	30	30	30	30

Standard errors in parentheses

*** $p < 0.01$，** $p < 0.05$，* $p < 0.1$

（二）参数估计

在实证研究策略上，我们采用面板普通最小二乘法（OLS）进行参数估计，表5-5第（1）~（5）列分别报告了面板最小二乘法的初步估计结果，其中，第（1）列为混合回归估计结果，第（2）列为固定效应（FE）估计结果，第（3）列是随机效应（RE）估计结果，第（4）列则是采用面板修正标准差估计（Panels Corrected Standard Errors,PCSE）Prais-Winsten方法进行的回归，第（5）列是采用Driscoll-Kraay标准误进行的回归。回归结果显示，第四列PCSE回归结果的拟合优度为0.759，达到最高，证明该回归结果相对最理想，后文我们将以其为依据进行回归结果的解读。

表5-5　旅游业产业结构的回归结果

	（1）	（2）	（3）	（4）	（5）
	pooled_output	FE_outputro	RE_output	PCSE_output	fe_dris_kraay
VARIABLES	$lnCO_2\_sr$	$lnCO_2\_sr$	$lnCO_2\_sr$	$lnCO_2\_sr$	$lnCO_2\_sr$
lntourstr	−0.134***	0.124*	0.110*	−0.00227	0.124**

续表

	（1）	（2）	（3）	（4）	（5）
	pooled_output	FE_outputro	RE_output	PCSE_output	fe_dris_kraay
	（0.0383）	（0.0663）	（0.0580）	（0.0443）	（0.0454）
lnecon	−0.753***	−0.306	−0.402***	−0.415***	−0.306***
	（0.0825）	（0.181）	（0.130）	（0.0918）	（0.0714）
lnopen	0.0199***	0.197**	0.0299	−0.00262	0.197***
	（0.00613）	（0.0839）	（0.0193）	（0.0140）	（0.0395）
lnczh	1.306***	−0.142	0.137	0.216	−0.142
	（0.248）	（1.006）	（0.551）	（0.297）	（0.233）
lnhjgz	0.0146	−0.0567*	−0.0520*	0.00584	−0.0567*
	（0.0246）	（0.0321）	（0.0311）	（0.0126）	（0.0275）
lninfra	−0.0347	0.00108	0.00844	−0.0442*	0.00108
	（0.0269）	（0.0438）	（0.0458）	（0.0240）	（0.0184）
Constant	6.412***	0.523	2.605	2.705***	0.523
	（0.938）	（2.741）	（1.598）	（0.964）	（0.889）
Observations	390	390	390	390	390
R-squared	0.237	0.474		0.759	
Number of id		30	30	30	
Number of groups					30

Robust standard errors in parentheses

*** $p < 0.01$, ** $p < 0.05$, * $p < 0.1$

第四节　结果解释

一、旅游业专业化水平对碳排放强度的影响

（一）核心解释变量结果解读

根据表 5-3 的回归结果可知，旅游业专业化水平对旅游碳排放强度的影响显著为负值，即随着旅游业专业化水平的不断增强，旅游碳排放强度不断减弱。根据前文对旅游业专业化水平的指标界定，用旅游总收入在 GDP 的占比代表旅游业专业化水平，具体阐释为当旅游业总收入在 GDP 中的比重每增加 1 个单位，那么旅游碳排放强度就会降低 0.441 个单位〔根据表 5-3 第（4）列的回归结果进行解读〕。结合 EKC 假说——环境质量与收入水平之间存在着倒 U 形曲线的变化关系，本研究即可得出，我国旅游经济发展水平与环境之间的关系目前正处于倒 U 形曲线的右半边阶段。换言之，随着旅游业的专业化水平（旅游收入在 GDP 中的比重）的逐渐提升，旅游业发展对生态环境的负面影响也将会逐渐降低，生态环境水平也会随着旅游业的专业化水平的提升得到逐步改善。这说明，中国旅游业的发展已经跨越了倒 U 形曲线的拐点，从粗放式的增长方式转变到集约型的增长方式，旅游业高质量发展已见成效，随着旅游业发展的进一步专业化，旅游碳排放对环境的不利影响会不断降低，最终形成旅游业与生态环境的和谐共生。

（二）控制变量结果解读

根据表 5-4 的回归结果，控制变量经济发展水平对旅游碳排放强度的影响显著为负（表 5-4 中五种回归方法都是显著为负，显著水平为 1%），即经济发展水平每增加 1 个单位，则旅游碳排放强度会下降 0.279 个单位〔以拟合优度大的第（4）列 PCSE 回归为参照〕，这进一步证明了 EKC 假说——环境质量与收入水平之间存在着倒 U 形曲线的变化关系，旅游碳排放强度会随着经济发展水平的增长而下降，环境质量会得到改善；控制变量城镇化水平对碳排

放强度的影响为正，除第（2）列、第（4）列不显著外，另外3列回归结果都在不同水平下显著为正，即随着城镇化水平的提高，旅游碳排放强度也会呈现不同程度的增长。对外开放水平这一控制变量对旅游碳排放强度的影响基本为正，根据表5-3，除第（4）列的回归系数显示为负值，其他列的结果显示为正值，结果显著，分别为1%、5%、10%和1%，但是回归结果不显著，鉴于此，笔者判断对外开放水平对旅游碳排放强度的影响并不确定，与此类似的是环境规制水平和基础设施水平两个控制变量，根据回归结果，暂不能判断其对旅游碳排放的影响水平，具体影响效果也有待进一步研究判定。

二、旅游业产业结构对碳排放强度的影响

（一）核心解释变量结果解读

根据表5-5的回归结果可知，核心解释变量旅游业产业结构对旅游碳排放强度的影响结果为负［以表5-5第（4）列的结果为参照］，但是回归结果不显著。除此之外，第（1）列的混合回归结果也为负值，且在1%水平下显著；另外第（2）列、第（3）列和第（5）列的回归结果均为正值，且分别在10%、10%和5%水平下显著。根据这一结果，笔者判断旅游业产业结构对碳排放强度的影响暂时还不能判定，还需要进行进一步深度的定量分析研究。分析回归结果不显著的原因，笔者认为：其一是代理变量的选择问题，由于旅游业产业结构所选取的代理变量是区域第三产业GDP占地区GDP比重，而事实上，目前旅游业对国民经济三大产业的影响都在不断加深，已不再仅局限于第三产业范围，因此，选择更合适的代理变量是今后开展研究工作需要考虑的重点；其二是研究方法和模型的选择问题，由于旅游业与其他三大产业之间的联系越来越紧密，旅游业产业结构也愈加复杂，对其范围的界定也更加困难，因此要确定旅游业产业结构对碳排放强度的影响效果具有更大的复杂程度和难度，也是未来研究工作的重点和难点，这些都有待未来研究工作的进一步探索和深入开展。

（二）控制变量结果解读

根据回归结果，在所有的控制变量中，对碳排放强度产生显著负影响的只有经济发展水平，即旅游经济发展水平每增加1个单位，那么旅游碳排放强度就会降低0.415个单位［以第（4）列回归结果为参照进行解读］，可见，目前

加快经济的发展并没有带来旅游碳排放强度的增加，反而减弱了其对生态环境的不利影响，甚至在一定程度上改善了自然生态环境，降低了旅游业的碳排放水平。除此之外，对外开放水平、城镇化水平、环境规制水平和基础设施水平等其他控制变量对碳排放强度的影响并不显著，影响程度不确定，即暂时不能够明确判定其对旅游碳排放强度的影响效果，这与核心解释变量旅游业专业化水平的回归结果完全吻合。

三、建议和对策

（一）深入推进供给侧结构性改革，促进旅游高质量发展

根据回归结果，旅游业专业化水平对旅游碳排放影响显著为负，可知加强旅游业的专业化水平就可以在一定程度上降低旅游业的碳排放强度，为此我们可以得出这样的结论，旅游业的快速发展对生态环境的负面影响是减弱的，因此不断完善旅游业基础设施和公共服务配套设施建设，充分发挥旅游业对国民经济三大产业的带动作用，提高旅游业的绿色全要素生产率，不仅能在一定程度上推进我国的经济建设，还能促进生态环境的改善，因为旅游业的发展离不开绿水青山，优美的自然生态环境是旅游业发展的基石。因此，继续深入推进我国供给侧结构性改革，探索旅游业高质量发展之路，是中国旅游业未来发展的重要方向，也是实现"绿水青山就是金山银山"以及人与自然和谐共生的重要途径之一。

（二）积极改善"新基建"，促进文化与旅游融合发展

旅游业的专业化发展离不开公共服务领域的支持，尤其是交通、通信、人工智能等新型基础设施领域。在当前文化与旅游融合发展的新时代，要促进文旅产业的创新创业发展，需要重视和大力引进新兴数字技术应用和集成创新，关注新兴科技发展前沿，紧跟国家发展政策，如人工智能、云计算、大数据、5G、物联网和区块链，这是提高旅游绿色发展效率、降低旅游碳排放的重要措施。事实上，2018 年 12 月的中央经济工作会议上，已经明确提出要加快 5G 商用步伐，进行推广使用，并且启动人工智能、工业互联网以及物联网等新型科技的基础设施建设。2019 年政府工作报告进一步明确提出要加强新一代信息基础设施建设，可见发展"新基建"，大力推进 5G 等新型基础设施

建设，支持数字旅游经济等新业态发展，是促进文化与旅游深度融合、提高旅游业专业化水平、降低旅游碳排放的重要路径，是推进旅游经济和生态环境和谐发展、促进人与自然和谐共生的重要举措。

（三）加快发展生态经济，促进绿色发展

根据回归结果，控制变量经济发展水平对旅游碳排放强度的影响显著为负。可知，中国经济发展已经逐渐走上了绿色发展的正确道路，经济的快速发展并没有导致环境的恶化，相反对环境的负面影响在不断减弱，可见，党的十八大以来中国推进生态文明建设和绿色发展成效卓著。今后，中国必然继续坚定不移地走生态经济发展之路，继续全力实施推进绿色发展、循环发展、低碳发展的举措，促进全社会形成节约资源和环境保护的生产方式和生活方式，从土地开发、资源利用、环境保护以及生态修复等方面都积极探索生态经济建设和发展的总体途径，加快产业绿色化转型升级，积极创新绿色技术和发展绿色产业，切实稳步地推进产业经济高质量发展。

第五节　本章小结

本章主要依托 EKC 假说等理论，运用面板数据和计量经济方法对中国旅游碳排放的影响因素展开了研究，具体分析旅游业的专业化水平、旅游业产业结构以及经济发展水平、环境规制水平、城镇化水平等多种因素与旅游碳排放之间的线性关系。进一步探讨旅游经济增长发展与碳排放之间的关系，形成了以下三个方面的结论和政策启示：

第一，旅游业专业化水平对旅游碳排放强度的影响显著为负。即旅游碳排放强度会随着旅游业专业化水平的提高而降低。这意味着，中国旅游经济的发展目前已经进入了环境库兹涅茨曲线的右半边，即已经跨越了倒 U 形曲线的拐点，从粗放式的增长方式转变到集约型的增长方式，旅游业高质量发展已见成效，随着旅游业发展的进一步专业化，旅游碳排放对环境的不利影响会不断降低，旅游经济与生态环境的发展逐渐协调。因此，实施文旅融合发展是实现绿色发展和生态文明建设的重要手段，从而有利于提升旅游业专业化水平，减少旅游业碳排放。

第二，经济发展水平对旅游碳排放的影响也显著为负。即旅游碳排放强度会随着中国经济发展水平的提高而减弱。这意味着，中国经济的快速发展能够对中国旅游业的发展形成促进作用，却对旅游碳排放强度形成抑制作用，说明中国旅游经济和旅游业的发展与旅游碳排放之间存在一定的脱钩作用，可见，现有的生态经济发展政策和旅游业绿色发展策略等都已经起到了较好的旅游业碳减排的效果，未来应针对旅游业的绿色可持续发展继续推出相应的环境规制政策、科学技术创新政策以及推进公共服务发展的相关政策，从而为旅游业可持续发展提供相应的技术保障和政策保障，进一步提升旅游业发展水平，促进旅游业碳排放的减少。

第三，旅游业产业结构对旅游碳排放的影响作用并不显著，其影响效果有待进一步的研究判定。但是旅游业专业化水平的提高和生态经济的发展对于构建旅游业低碳绿色发展具有重要意义。因此，笔者提出了应深入推进供给侧结构性改革，促进旅游高质量发展；积极改善"新基建"，促进文化与旅游融合发展；加快发展生态经济，促进绿色发展等对策和建议，以加快推动中国旅游业整体的低碳化发展，并提升旅游业碳排放效率，走低碳、绿色、可持续发展之路。

第六章 中国旅游经济发展对旅游碳排放的影响：门槛效应

第五章中，在经典线性假设条件下，探讨了中国旅游经济结构对旅游碳排放强度的影响，特别是从旅游业专业化水平和旅游业产业结构两个指标方面分别对旅游碳排放强度的影响进行了证实。但是旅游业专业化水平和旅游业产业结构对旅游碳排放强度的影响机制具有复杂性和动态性，除此之外，旅游目的地本身的异质性也将导致经典线性假设条件一定程度上难以满足。因此，在前文研究的基础上，本章将研究视角拓展到非线性领域，以揭示旅游业专业化水平和旅游业高级化水平影响旅游碳排放强度的非线性动态过程。具体而言，本章做如下安排。首先，选择面板门槛模型作为探究前述非线性特征的研究方法。其次，从经济发展、政策管理、生态本底等不同维度选择门槛变量，以考虑多维异质性产生的非线性特征，并构建相应模型。最后，进行稳健性分析，进一步验证所揭示非线性等特征的稳健性。

第一节 变量选取与面板门槛模型构建

一、面板门槛模型方法

本部分主要利用 Hansen 于 1999 年提出的面板门槛估计方法。面板门槛模型估计首先需要对是否存在门槛效应进行判断，其次还要对门槛估计量是否等于真实值进行检验。对于单一门槛而言，其模型设定如下：

$$y_{i,\ t} = \mu_i + \delta X_{it} + \beta_1 d_{it} \cdot I\ (T_{it} \leqslant \gamma)\ + \beta_2 d_{it} \cdot I\ (T_{it} > \gamma)\ + \varepsilon_{it}$$

其原假设为 H_0：$\beta_1 = \beta_2$，即上述模型不存在以 T_{it} 为门槛变量的非线性关系，而仅有线性关系，拒绝原假设则存在门槛效应。检验统计量为 $F_1 = \dfrac{S_0 - S_1(\hat{\gamma})}{\hat{\sigma}^2}$，其中 $\hat{\gamma}$ 代表门槛变量，S_0 为在原假设 H_0 下获得的残差平方和，Hansen 建议使用 Bootstrap 自抽样法获得 F 分布从而得到有效的基于似然比检验的 P 值，当 $P \leqslant \alpha$ 时拒绝原假设，存在一个门槛值，α 为显著性水平。而针对门槛估计量的检验，原假设为 H_0：$\hat{\gamma} = \gamma_0$，相应的似然比检验统计量为 $LR_0(\gamma) = \dfrac{S_1(\gamma) - S_1(\hat{\gamma})}{\hat{\sigma}^2}$，其中 $S_1(\gamma)$、$S_1(\hat{\gamma})$ 分别为原假设和备择假设的残差平方和。由于该统计量是非标准正态分布的，在 α 显著性水平下，当 $LR_1(\gamma_0) \leqslant c(\alpha) = -2ln(1 - \sqrt{1-\alpha})$ 时，则接受原假设，门槛估计量等于其真实值。

在门槛计量实际估计中，往往会突破单一门槛限制，出现多重门槛。以双重门槛为例，门槛模型扩展为：

$$y_{i,\,t} = \mu_i + \delta X_{it} + \beta_1 d_{it} \cdot I(T_{it} \leqslant \gamma_1) + \beta_2 d_{it} \cdot I(\gamma_1 < T_{it} \leqslant \gamma_2) + \beta_3 d_{it} \cdot I(T_{it} > \gamma_2) + \varepsilon_{it}$$

门槛估计的流程是首先固定单一门槛模型中估计出的 $\hat{\gamma}_1$，再搜索 γ_2，得到 $S_2^r(\gamma_2) = \begin{cases} S(\hat{\gamma}_1, \gamma_2), & \hat{\gamma}_1 < \gamma_2 \\ S(\gamma_2, \hat{\gamma}_1), & \gamma_2 < \hat{\gamma}_1 \end{cases}$，其中 γ_2 使得前式取得最小值，即 $\hat{\gamma}_2^r = \underset{\gamma_2}{argmin} S_2^r(\gamma_2)$。进而实现由单一门槛模型向双重门槛模型的拓展，而进一步拓展到三重及以上门槛模型的原理与方法是相似的。

二、面板门槛模型变量选择

在面板模型变量设定方面，根据研究主题与旅游碳排放影响因素的相关理论研究成果，对被解释变量、核心解释变量、门槛变量、控制变量分别做如下设定。

第一，将被解释变量设置为旅游碳排放强度（$lntourCO_2$），用单位旅游收入碳排放表示。

第二，将依赖非线性机制的变量设置为核心解释变量，分别用旅游业专业化水平（$lntourzyh$）和旅游业高级化水平（$lntourgjh$）作为核心解释变量，其中旅游业专业化水平是旅游总收入占 GDP 的比重，旅游业高级化水平是入境旅游收入占旅游总收入的比重。

第三，门槛变量的选取是本章研究的关键。①门槛变量选择的总体思路。选择门槛变量需要进行综合性考量，一方面，门槛变量的选择是揭示旅游经济发展对旅游业碳排放非线性效应的计量基础，需要考虑数据可获性和门槛检验结果。另一方面，门槛变量的选择需要与旅游经济发展现实中的关联要素相结合，以突出门槛效应的现实意义，进而更好提出相关政策启示。②引入多维异质性门槛的必要性。旅游业由于产业综合带动性和关联性的产业特性，以及旅游经济发展需要目的地自然基础和社会经济基础的综合协同支撑，因此对于旅游目的地而言，旅游经济发展是一项涉及多系统、多要素的工程。有鉴于此，本研究首先确立了从多维异质性视角切入分析旅游经济发展对旅游碳排放非线性效应的必要性和现实性。③多维异质性门槛选择的具体依据。首先，从经济发展角度确定门槛变量，即选取旅游发展水平（lntour）作为门槛变量并用旅游人均消费加以衡量。其原因是，一般情况下旅游业碳排放强度直接与旅游经济的发展水平相关，旅游经济发展水平越高，旅游产品供给越丰富越高级，如自驾车旅游、房车旅游、通用航空旅游、邮轮旅游等旅游产品，一方面能给旅游目的地带来可观的旅游收入，另一方面也可能显著加剧旅游目的地的旅游业碳排放强度。因此，需要作为一个门槛变量加以考虑。其次，从政策管理角度确定门槛变量，即选取环境规制水平（lnhjgz）作为门槛变量并用污染治理投资总额占 GDP 比重加以衡量。其原因是，环境规制体现了政府对于旅游经济发展环境外部性的态度，而且环境规制是环境经济学领域的重要变量，如波特假说探讨了环境管制与企业技术革新之间的关系，此外大量既有研究者关注了环境规制在经济发展过程中对区域环境影响的调节作用，因此本研究也将其纳入备选门槛变量。最后，从生态本底角度确定门槛变量，即选取生态禀赋水平（lneco）作为门槛变量并用森林覆盖率加以衡量。其原因是，旅游经济发展依赖于良好的资源环境禀赋，生态禀赋水平与旅游产品供给密切相关，生态资源禀赋富集地区往往具有开展生态旅游、低碳旅游的条件和优势，同时"资源诅咒""资源福音"也是旅游目的地发展中讨论的焦点议题，这也恰恰说明了从资源禀赋视角揭示旅游经济发展对旅游碳排放非线性关系的必要性。本研究再结合数据可获性，尝试分别揭示旅游发展水平异质性、环境规制水平异质性、生态禀赋水平异质性对核心解释变量对旅游碳排放强度影响的非线性特征。

第四，为了使本章研究结论与前文能够横向对比，面板门槛回归模型中的控制变量与前文影响因素的线性分析中保持一致，分别为经济发展水平（lnecon）、对外开放水平（lnopen）、城镇化水平（lnczh）、环境规制水平（lnhjgz）、基础设施水平（lninfra）。各变量的代理变量与前文一致。

三、面板门槛模型构建

据此，构建以下六个面板门槛模型：

第一，考察旅游发展水平异质性下，旅游业专业化水平对旅游碳排放强度的门槛效应，构建模型 1：

$$lntourCO_{2i,t} = \mu_i + \beta_1 lntourzyh_{it} \cdot I(lntour_{it} \leq \gamma_1) + \beta_2 lntourzyh_{it} \cdot I(\gamma_1 < lntour_{it} \leq \gamma_2) + \cdots + \beta_n lntourzyh_{it} \cdot I(\gamma_{n-1} < lntour_{it} \leq \gamma_n) + \beta_{(n+1)} lntourzyh_{it} \cdot I(lntour_{it} > \gamma_n) + \delta X_{it} + \varepsilon_{it}$$

第二，考察旅游发展水平异质性下，旅游业高级化水平对旅游碳排放强度的门槛效应，构建模型 2：

$$lntourCO_{2i,t} = \mu_i + \beta_1 lntourgjh_{it} \cdot I(lntour_{it} \leq \gamma_1) + \beta_2 lntourgjh_{it} \cdot I(\gamma_1 < lntour_{it} \leq \gamma_2) + \cdots + \beta_n lntourgjh_{it} \cdot I(\gamma_{n-1} < lntour_{it} \leq \gamma_n) + \beta_{(n+1)} lntourgjh_{it} \cdot I(lntour_{it} > \gamma_n) + \delta X_{it} + \varepsilon_{it}$$

第三，考察环境规制水平异质性下，旅游业专业化水平对旅游碳排放强度的门槛效应，构建模型 3：

$$lntourCO_{2i,t} = \mu_i + \beta_1 lntourzyh_{it} \cdot I(lnhjgz_{it} \leq \gamma_1) + \beta_2 lntourzyh_{it} \cdot I(\gamma_1 < lnhjgz_{it} \leq \gamma_2) + \cdots + \beta_n lntourzyh_{it} \cdot I(\gamma_{n-1} < lnenvi_{it} \leq \gamma_n) + \beta_{(n+1)} lntourzyh_{it} \cdot I(lnhjgz_{it} > \gamma_n) + \delta X_{it} + \varepsilon_{it}$$

第四，考察环境规制水平异质性下，旅游业高级化水平对旅游碳排放强度的门槛效应，构建模型 4：

$$lntourCO_{2i,t} = \mu_i + \beta_1 lntourgjh_{it} \cdot I(lnhjgz_{it} \leq \gamma_1) + \beta_2 lntourgjh_{it} \cdot I(\gamma_1 < lnhjgz_{it} \leq \gamma_2) + \cdots + \beta_n lntourgjh_{it} \cdot I(\gamma_{n-1} < lnhjgz_{it} \leq \gamma_n) + \beta_{(n+1)} lntourgjh_{it} \cdot I(lnhjgz_{it} > \gamma_n) + \delta X_{it} + \varepsilon_{it}$$

第五，考察生态禀赋水平异质性下，旅游业专业化水平对旅游碳排放强度的门槛效应，构建模型5：

$$lntourCO_{2i,\,t} = \mu_i + \beta_1\,lntourzyh_{it} \cdot I\,(\,lneco_{it} \leqslant \gamma_1\,) + \beta_2\,lntourzyh_{it} \cdot I\,(\,\gamma_1$$
$$< lneco_{it} \leqslant \gamma_2\,) + \cdots + \beta_n\,lntourzyh_{it} \cdot I\,(\,\gamma_{n-1} < lneco_{it} \leqslant \gamma_n\,) +$$
$$\beta_{(n+1)}\,lntourzyh_{it} \cdot I\,(\,lneco_{it} > \gamma_n\,) + \delta\,X_{it} + \varepsilon_{it}$$

第六，考察生态禀赋水平异质性下，旅游业高级化水平对旅游碳排放强度的门槛效应，构建模型6：

$$lntourCO_{2i,\,t} = \mu_i + \beta_1\,lntourgjh_{it} \cdot I\,(\,lneco_{it} \leqslant \gamma_1\,) + \beta_2\,lntourgjh_{it} \cdot I\,(\,\gamma_1$$
$$< lneco_{it} \leqslant \gamma_2\,) + \cdots + \beta_n\,lntourgjh_{it} \cdot I\,(\,\gamma_{n-1} < lneco_{it} \leqslant \gamma_n\,) +$$
$$\beta_{(n+1)}\,lntourgjh_{it} \cdot I\,(\,lneco_{it} > \gamma_n\,) + \delta\,X_{it} + \varepsilon_{it}$$

其中，$lntour$、$lnhjgz$、$lneco$ 分别为门槛变量；γ_1、γ_2、$\cdots$、γ_n 分别为 $n+1$ 个门槛区间下的门槛估计值，β_1、β_2、$\cdots$、β_{n+1} 为依赖门槛变量的解释变量在不同门槛区间下的估计系数，$I\,(\,\cdot\,)$ 为示性函数，当门槛变量满足条件时，则示性函数取值为1，否则为0。X_{it} 为不依赖门槛变量的控制变量。

第二节　面板门槛效应检验及门槛识别

依据 Hansen 的思路，本研究首先对模型1~模型6进行门槛效应检验，判断上述三个模型是否存在门槛效应，并进一步确定门槛个数。利用 Stata 软件 xthreg 命令，得到各模型在单一门槛、双重门槛、三重门槛下的门槛估计值，门槛检验 F 统计量，采用 Bootstrap 自抽样法得出门槛检验 p 值，以及95%显著性水平上的门槛估计值区间等门槛效应检验与门槛识别结果。

一、旅游发展水平门槛

经过400次的 Bootstrap 自抽样，结果显示：旅游发展水平作为门槛变量时，模型1、模型2均存在显著的门槛效应，但各自的门槛特征具有差异，下面分别分析两个模型的门槛特征。模型1存在0.1显著性水平上的单一门槛，单一门槛估计值为 −3.0346。模型2存在0.05显著性水平上的双重门槛，双重门槛估计值分别为 −2.3058、−3.0346（见表6-1）。

表 6-1　旅游发展水平门槛效应检验

核心解释变量	门槛	门槛检验F统计量	门槛检验P值	门槛估计值	95% 置信区间	Bootstrap自抽样次数
lntourzyh	单一门槛	32.76	0.0900	−3.0346	[−3.0570, −3.0247]	400
	双重门槛	23.98	0.1800	—	—	400
	三重门槛	—	—	—	—	400
lntourgjh	单一门槛	43.65	0.0225	−2.3058	[−2.3075, −2.3050]	400
	双重门槛	35.98	0.0350	−3.0346	[−3.0782, −3.0247]	400
	三重门槛	19.11	0.6725	—	—	400

　　为了直观反映门槛值估计与门槛值置信区间估计的过程，本研究还利用 Stata 软件分别绘制前文所述六个模型门槛效应检验和估计结果的似然比函数图像。其中图 6-1 绘制了模型 1 旅游发展水平异质性下旅游业专业化水平对旅游碳排放强度的单一门槛识别过程，似然比函数图像显示，识别出的是 −3.0346 门槛值，处于门槛值时，似然比等于零，且当门槛估计值处于 [−3.0570，−3.0247] 区间时，似然比取值处于 0.05 显著性水平的临界值以下（即图中虚线以下），处于门槛估计值是否等于实际值的原假设接受域内，说明门槛估计值与实际门槛值一致。图 6-2 分别绘制了模型 2 旅游发展水平异质性下旅游业高级化水平对旅游碳排放强度双重门槛的门槛识别过程，似然比函数图像显示，首先识别出的是 −2.3058 门槛值，而后识别出 −3.0346 门槛值，两个门槛值分别位于 [−2.3075，−2.3050] 和 [−3.0782，−3.0247] 区间时，似然比取值处于 0.05 显著性水平的临界值以下（即图中虚线以下），说明两个估计门槛值与实际门槛值一致。

　　上述对于旅游发展水平为门槛变量的门槛效应检验和门槛估计结果，证明了旅游业专业化水平和旅游业高级化水平对旅游碳排放强度影响的门槛特征，即旅游业专业化水平和旅游业高级化水平对旅游目的地旅游碳排放强度的作用确实会随着门槛变量的变化而变化的非线性特征。具体的非线性特征通过后文面板模型估计进行揭示。

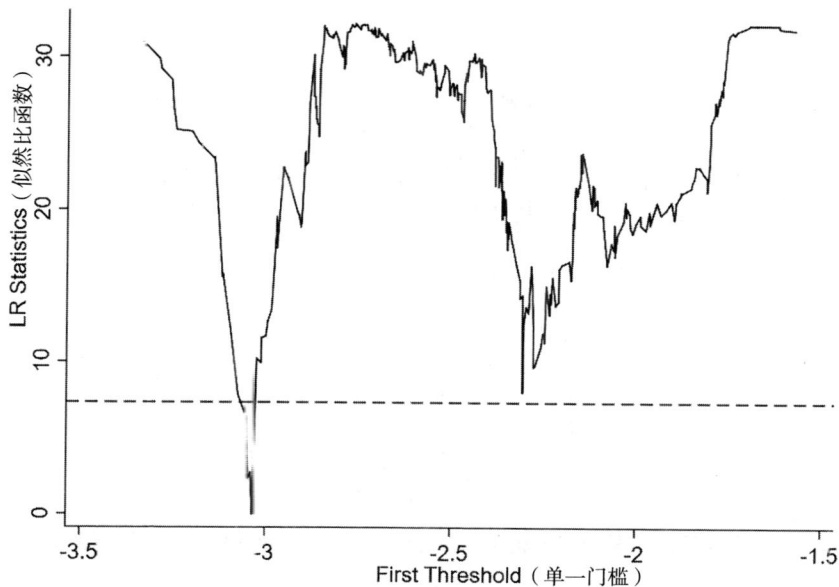

图6-1 旅游发展水平异质性下旅游业专业化水平对旅游碳排放强度的门槛识别过程

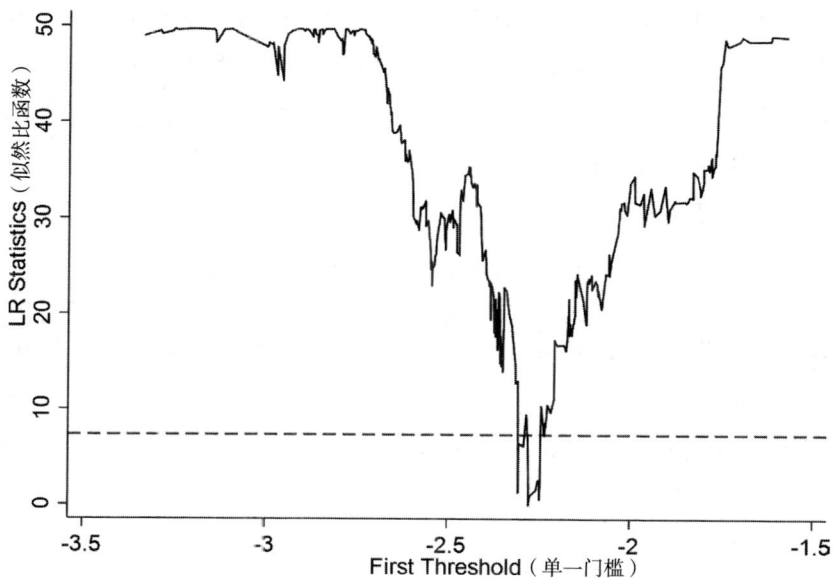

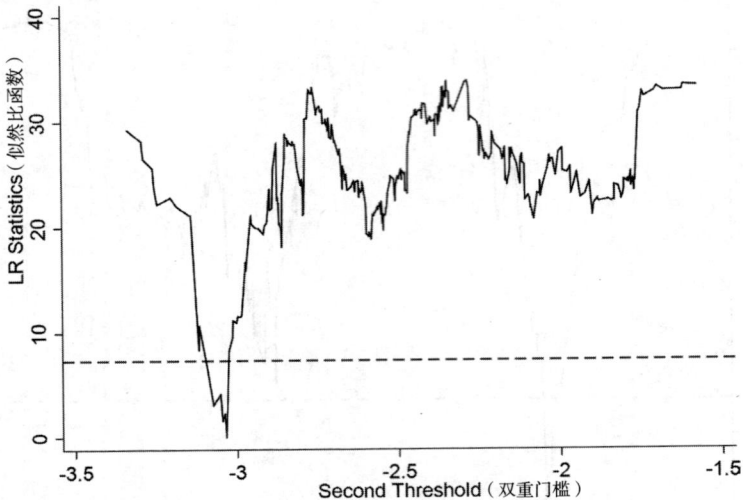

图 6-2　旅游发展水平异质性下旅游业高级化水平对旅游碳排放强度的门槛识别过程

二、环境规制水平门槛

经过 400 次的 Bootstrap 自抽样，结果显示：环境规制水平作为门槛变量时，模型 3、模型 4 均存在显著的门槛效应。由于环境规制水平变量不仅作为门槛变量，还同时作为控制变量之一，因此两个模型的门槛检验特征相同。即模型 3 和模型 4 均存在 0.01 显著性水平上的单一门槛，单一门槛估计值为 -3.6395（见表 6-2）。

表 6-2　环境规制水平门槛效应检验

核心解释变量	门槛	门槛检验 F 统计量	门槛检验 P 值	门槛估计值	95% 置信区间	Bootstrap 自抽样次数
lntourzyh	单一门槛	35.13	0.0050	-3.6395	[-3.6683, -3.6259]	400
	双重门槛	-3.54	1.0000	—	—	400
	三重门槛	—	—	—	—	400
lntourgjh	单一门槛	36.76	0.0000	-3.6395	[-3.6683, -3.6259]	400
	双重门槛	13.90	0.1450	—	—	400
	三重门槛	—	—	—	—	400

　　为了直观反映门槛值估计与门槛值置信区间估计的过程，本研究还利用
Stata 软件分别绘制了环境规制水平异质性下旅游业专业化水平和高级化水平
对旅游碳排放强度的门槛效应检验和估计结果的似然比函数图像。其中图 6-3
绘制了模型 3 环境规制水平异质性下旅游业专业化水平对旅游碳排放强度的
单一门槛识别过程，似然比函数图像显示，识别出的是 −3.6395 门槛值，处
于门槛值时，似然比等于零，且当门槛估计值处于 [−3.6683，−3.6259] 区间
时，似然比取值处于 0.05 显著性水平的临界值以下（即图中虚线以下）。处于
门槛估计值是否等于实际值的原假设接受域内，说明门槛估计值与实际门槛值
一致。图 6-4 绘制了模型 4 环境规制水平异质性下旅游业高级化水平对旅游碳
排放强度单一门槛识别过程，似然比函数图像显示，识别出的是 −3.6395 门槛
值，门槛值分别位于 [−3.6683，−3.6259] 区间时，似然比取值处于 0.05 显著
性水平的临界值以下（即图中虚线以下），说明两个估计门槛值与实际门槛值
一致。

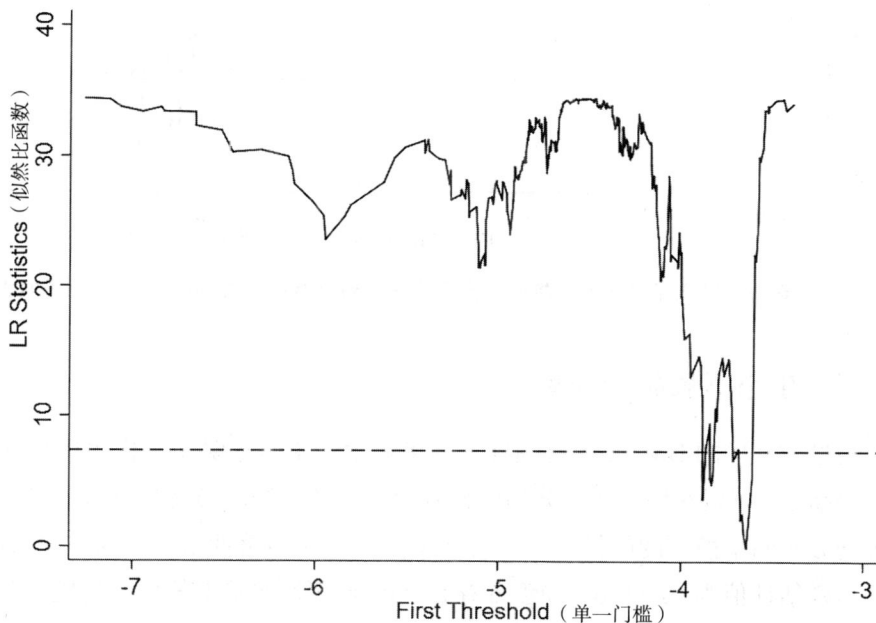

图 6-3　环境规制水平异质性下旅游业专业化水平对旅游碳排放强度的门槛识别过程

上述对于环境规制水平为门槛变量的门槛效应检验和门槛估计结果，证明了旅游业专业化水平和旅游业高级化水平对旅游碳排放强度影响的门槛特征，即旅游业专业化水平和旅游业高级化水平对旅游目的地旅游碳排放强度的作用确实会随着门槛变量的变化而变化的非线性特征。具体的非线性特征通过后文面板模型估计进行揭示。

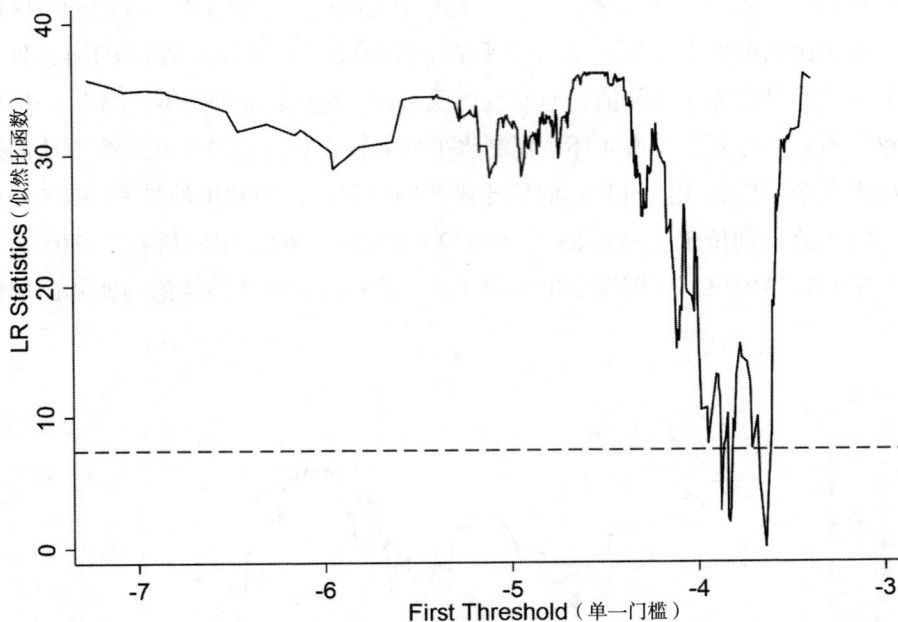

图6-4　环境规制水平异质性下旅游业高级化水平对旅游碳排放强度的门槛识别过程

三、生态禀赋水平门槛

经过400次的Bootstrap自抽样，结果显示：生态禀赋水平作为门槛变量时，模型5、模型6均存在显著的门槛效应，但各自的门槛特征具有差异，下面分别分析两个模型的门槛特征。模型5存在0.01显著性水平上的单一门槛，单一门槛估计值为-2.3126。模型6存在0.01显著性水平上的单一门槛，单一门槛估计值分别为-3.0159（见表6-3）。

表 6-3 生态禀赋水平门槛效应检验

核心解释变量	门槛	门槛检验 F 统计量	门槛检验 P 值	门槛估计值	95% 置信区间	Bootstrap 自抽样次数
lntourzyh	单一门槛	17.63	0.0075	−2.3126	[−2.3436, −2.2634]	400
	双重门槛	4.26	0.5800	—	—	400
	三重门槛	—	—	—	—	400
lntourgjh	单一门槛	20.04	0.0100	−3.0159	[−3.1246, −2.5975]	400
	双重门槛	4.24	0.5575	—	—	400
	三重门槛	—	—	—	—	400

为了直观反映门槛值估计与门槛值置信区间估计的过程，本研究还利用 Stata 软件分别绘制了生态禀赋水平异质性下旅游业专业化水平、高级化水平对旅游碳排放强度模型门槛效应检验和估计结果的似然比函数图像。其中图 6-5 绘制了模型 5 生态禀赋水平异质性下旅游业专业化水平对旅游碳排放强度的单一门槛识别过程，似然比函数图像显示，识别出的是 −2.3126 门槛值，处于门槛值时似然比等于零，且当门槛估计值处于 [−2.3436, −2.2634] 区间时，似然比取值处于 0.05 显著性水平的临界值以下（即图中虚线以下），处于门槛估计值是否等于实际值的原假设接受域内，说明门槛估计值与实际门槛值一致。图 6-6 绘制了模型 6 生态禀赋水平异质性下旅游业高级化水平对旅游碳排放强度单一门槛的门槛识别过程，似然比函数图像显示，识别出的是 −3.0159 门槛值，门槛值分别位于 [−3.1246, −2.5975] 区间时，似然比取值处于 0.05 显著性水平的临界值以下（即图中虚线以下），说明两个估计门槛值与实际门槛值一致。

上述对于生态禀赋水平为门槛变量的门槛效应检验和门槛估计结果，证明了旅游业专业化水平和旅游业高级化水平对旅游碳排放强度影响的门槛特征，即旅游业专业化水平和旅游业高级化水平对旅游目的地旅游碳排放强度的作用确实会随着门槛变量的变化而变化的非线性特征。具体的非线性特征通过后文面板模型估计进行揭示。

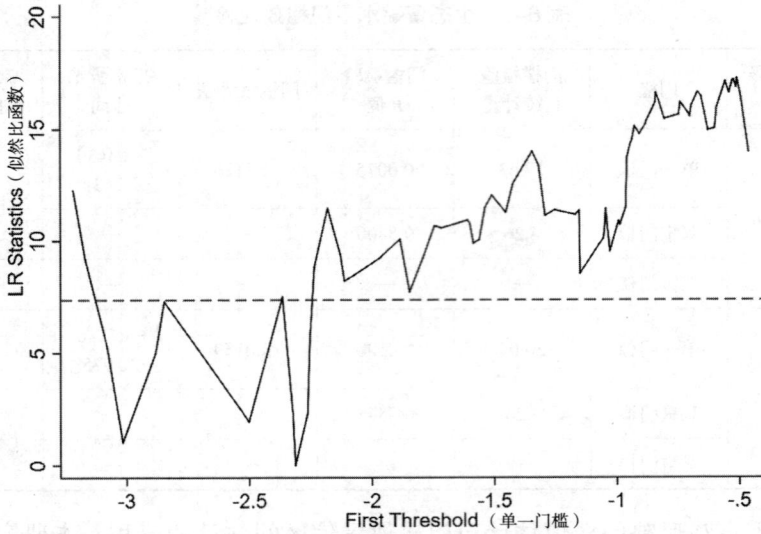

图 6-5　生态禀赋水平异质性下旅游业专业化水平对旅游碳排放强度的门槛识别过程

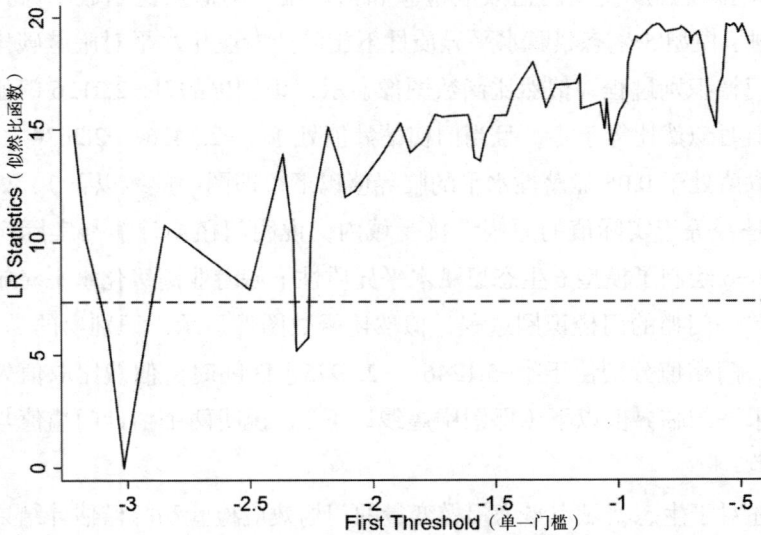

图 6-6　生态禀赋水平异质性下旅游业高级化水平对旅游碳排放强度的门槛识别过程

第三节　面板门槛模型估计

为了进一步对面板平滑转换回归模型所估计的非线性细节特征进行稳健性检验，本研究接下来利用 Stata 软件分别对模型 1～模型 6 施以参数估计，以观察不同门槛变量下核心解释变量估计系数的非线性变化情况。

一、旅游发展水平门槛估计结果

（1）目的地省份旅游业专业化水平对旅游碳排放强度存在以旅游发展水平为门槛变量的单一门槛效应。单一门槛将样本划分为两个区制，在两个区制中旅游业专业化水平对旅游碳排放强度的估计系数均小于 0 且在 0.01 水平上显著，说明不论目的地省份旅游发展水平处于什么阶段，旅游业专业化水平的提高，对目的地省份旅游碳排放强度的提升均起到抑制作用，这与前文线性面板回归中的相应结论一致。具体而言，当旅游发展水平门槛小于 −3.0346（对应人均旅游消费约为 480.9 元）时，旅游业专业化水平估计系数为 −0.574，并在 0.01 显著性水平上显著，表明此时旅游目的地专业化水平提升 1%，单位旅游收入碳排放能够降低 0.574%。而当旅游发展水平大于 480.9 元时，旅游业专业化水平对旅游碳排放强度的影响进入了第二个区制中，其估计系数为 −0.448，并在 0.01 显著性水平上显著，表明此时旅游目的地专业化水平提升 1%，单位旅游收入碳排放能够降低 0.448%（见表 6-4）。与第一区制相比，旅游业专业化程度的提高，对于旅游碳排放强度的抑制作用有所减弱。这意味着，随着旅游人均消费的进一步提升，旅游业专业化水平的提升虽然仍然能够发挥降低旅游碳排放强度的积极作用，但是这种效应存在衰减趋势。旅游人均消费的提高，往往依赖于更多高级的旅游产品和旅游项目投向市场，这得益于近些年来我国旅游业持续推进的供给侧结构性改革。例如，高品质的旅游酒店和民宿产品，通用航空与低空旅游、自驾车营地的建设等均提高了旅游者在目的地的旅游消费水平。但是在这一过程中，不难发现，旅游新业态和新产品的持续更新与升级，势必带来了日益增加的能源消耗，并由此带来了旅游碳排放规模的提升。在这一情境下，再一味提高提高旅游业专业化水平，其碳减排效应确实会有所下降，旅游碳排放效率可能因为旅游发展水平的提高而出现降低。

表 6-4　旅游发展水平门槛下的面板门槛模型参数估计结果

	（1）	（2）
	lntourzyh	*lntourgjh*
VARIABLES	*lnCO₂_sr*	*lnCO₂_sr*
lnecon	−0.299***	−0.154*
	（0.0747）	（0.0781）
lnopen	0.143***	0.0697
	（0.0521）	（0.0551）
lnczh	0.627*	−0.503
	（0.378）	（0.365）
lnhjgz	−0.0509**	−0.0497**
	（0.0218）	（0.0220）
lninfra	−0.00842	0.0210
	（0.0426）	（0.0432）
lntourzyh (*lntour* ≤ y_1)	−0.574***	
	（0.0675）	
lntourzyh (*lntour* > y_1)	−0.448***	
	（0.0688）	
lntourgjh (*lntour* ≤ y_1)		−0.0141
		（0.0411）
lntourgjh (y_1 < *lntour* ≤ y_2)		0.102***
		（0.0366）
lntourgjh (*lntour* > y_2)		0.211***

续表

VARIABLES	（1） lntourzyh $lnCO_2\_sr$	（2） lntourgjia $lnCO_2\_sr$
		（0.0382）
Constant	−0.183	−0.491
	（1.127）	（1.162）
Observations	390	390
Number of id	30	30
R-squared	0.573	0.566

Standard errors in parentheses

*** p ＜ 0.01，** p ＜ 0.05，* p ＜ 0.1

（2）目的地省份旅游业高级化水平对旅游碳排放强度存在以旅游发展水平为门槛变量的双重门槛效应。双重门槛将样本划分为三个区制，在三个区制中旅游业高级化水平对旅游碳排放强度的估计系数由小于 0 不显著过渡到大于 0 且在 0.01 水平上显著。说明目的地省份旅游发展水平所处阶段的不同，旅游业高级化水平的提高，对目的地省份旅游碳排放强度的影响具有由负至正的作用，因此将前文线性面板回归中的结论进行了进一步推进。具体而言，当旅游发展水平门槛小于 −3.0346（对应人均旅游消费约为 480.9 元）时，旅游业高级化水平估计系数为 −0.0141，但并不显著，表明此时旅游目的地高级化水平的提升，对单位旅游收入碳排放能够起到微弱的抑制作用。当旅游发展水平大于 −3.0346 而小于 −2.3058（对应人均旅游消费约为 996.79 元）时，旅游业高级化水平的估计系数为 0.102，且在 0.01 显著性水平显著，表明此时旅游目的地旅游业高级化水平提升 1%，导致旅游碳排放强度升高 0.102%。当旅游发展水平大于 −2.3058 时，旅游业高级化水平对旅游碳排放强度的影响进入到第三个区制中，此时其估计系数为 0.211，且在 0.01 水平上显著，表明此时旅游目的地高级化水平提升 1%，单位旅游收入碳排放能够降低 0.211%，与第二区制相比，旅游业高级化水平的提高，对于旅游碳排放强度的影响作用更加明显。

通过这一结果不难发现，随着旅游业发展阶段的推进，旅游人均消费的提高，旅游业高级化反而不利于旅游产业碳排放利用效率的提高。更多境外旅游者在旅游产品上具有更高的消费力，其选择也并非低碳环保的生态旅游产品，因此一味提高旅游业高级化水平存在一定负面效应。发展入境旅游是我国由旅游目的地大国向旅游目的地强国建设的必由之路，但是很显然应该注意在此过程中人均旅游碳排放的提高，即对旅游碳排放效率的降低作用。在"碳达峰"和"碳中和"背景下，只有对境外旅游者征收适当的碳消费税，推动旅游碳补偿，才能在推动我国国际旅游目的地建设中，同时抑制旅游碳排放效率弱化。

二、环境规制水平门槛估计结果

（1）目的地省份旅游业专业化水平对旅游碳排放强度存在以环境规制水平为门槛变量的单一门槛效应。单一门槛将样本划分为两个区制，在两个区制中旅游业专业化水平对旅游碳排放强度的估计系数均小于 0 且在 0.01 水平上显著，说明不论目的地省份环境规制水平处于什么程度，旅游业专业化水平的提高，对目的地省份旅游碳排放强度均起到抑制作用，这与前文线性面板回归中的相应结论一致。具体而言，当旅游发展水平门槛小于 -3.6395（对应环境污染治理投资总额占 GDP 比重约为 2.627%）时，旅游业专业化水平估计系数为 -0.537，并在 0.01 显著性水平上显著，表明此时旅游目的地专业化水平提升 1%，单位旅游收入碳排放能够降低 0.537%。而当环境污染治理投资总额占 GDP 比重大于 2.627% 时，旅游业专业化水平对旅游碳排放强度的影响进入了第二个区制中，其估计系数为 -0.394，并在 0.01 显著性水平上显著，表明此时旅游目的地专业化水平提升 1%，单位旅游收入碳排放能够降低 0.394%（见表 6-5）。与第一区制相比，旅游业专业化水平的提高，对于旅游碳排放强度的抑制作用有所减弱。这意味着，随着环境规制水平的进一步提升，旅游业专业化水平的提升，虽然仍然能够发挥降低旅游碳排放强度的积极作用，但是这种效应存在一定程度的减弱。由于我国大部分环境污染治理投资围绕工业企业进行，因此环境规制水平更多体现旅游目的地政府对第二产业中高消耗和高排放企业的规制，而较少涉及对旅游业及其产业链上企业的规制。因此并没有体现环境规制对旅游业碳减排效应的促进作用。

表 6-5　环境规制水平门槛下的面板门槛模型参数估计结果

VARIABLES	（1）	（2）
	lntourzyh	*lntourgjh*
	$lnCO_2\_sr$	$lnCO_2\_sr$
lnecon	−0.302***	−0.286***
	（0.0745）	（0.0793）
lnopen	0.170***	0.185***
	（0.0517）	（0.0557）
lnczh	0.630*	−0.168
	（0.376）	（0.376）
lnhjgz	0.0284	0.0168
	（0.0250）	（0.0262）
lninfra	−0.00524	0.00245
	（0.0425）	（0.0452）
lntourzyh（$lnenvi \leqslant y_1$）	−0.537***	
	（0.0669）	
lntourzyh（$lnenvi > y_1$）	−0.394***	
	（0.0712）	
lntourgjh（$lnenvi \leqslant y_1$）		0.140***
		（0.0382）
lntourgjh（$lnenvi > y_1$）		0.246***
		（0.0434）
Constant	−0.0769	0.779
	（1.123）	（1.210）
Observations	390	390
Number of id	30	30

	（1）	（2）
	lntourzyh	*lntourgjh*
VARIABLES	*lnCO$_2$_sr*	*lnCO$_2$_sr*
R-squared	0.575	0.520

Standard errors in parentheses
*** p ＜ 0.01，** p ＜ 0.05，* p ＜ 0.1

（2）目的地省份旅游业高级化水平对旅游碳排放强度存在以环境规制水平为门槛变量的单一门槛效应。单一门槛将样本划分为两个区制，在两个区制中旅游业高级化水平对旅游碳排放强度的估计系数均大于 0 且在 0.01 水平上显著，说明不论目的地省份环境规制水平处于什么程度，旅游业高级化水平的提高，对目的地省份旅游碳排放强度的提升均起到促进作用，这与前文线性面板回归中的相应结论一致。具体而言，当旅游发展水平门槛小于 −3.6395（对应环境污染治理投资总额占 GDP 比重约为 2.627%）时，旅游业高级化水平估计系数为 0.140，并在 0.01 显著性水平上显著，表明此时旅游目的地高级化水平提升 1%，单位旅游收入碳排放增长 0.140%。而当环境污染治理投资总额占 GDP 比重大于 2.627% 时，旅游业高级化水平对旅游碳排放强度的影响进入了第二个区制中，其估计系数为 0.246，并在 0.01 显著性水平上显著，表明此时旅游目的地高级化水平提升 1%，单位旅游收入碳排放则增长 0.246%。与第一区制相比，旅游业高级化水平的提高，对于旅游碳排放强度的促进作用有所增强。这意味着，随着旅游目的地整体环境规制水平的进一步提升，当旅游业高级化水平提升时，旅游业高级化水平带来的旅游碳排放强度增强效应得到了加剧。可见就旅游业而言，为了推动该产业碳排放强度的降低和碳排放效率的提高，仅靠目的地整体的环境规制政策往往无法发挥作用。因此，需要针对旅游业制定专门政策，通过精准施策才能发挥既定政策作用。

三、生态禀赋水平门槛估计结果

（1）目的地省份旅游业专业化水平对旅游碳排放强度存在以生态禀赋水平

为门槛变量的单一门槛效应。单一门槛将样本划分为两个区制，在两个区制中旅游业专业化水平对旅游碳排放强度的估计系数均小于 0 且在 0.01 水平上显著，说明不论目的地省份生态禀赋优劣，旅游业专业化水平的提高，对目的地省份旅游碳排放强度的提升均起到抑制作用，这与前文线性面板回归中的相应结论一致。具体而言，当旅游发展水平门槛小于 −2.3126（对应森林覆盖率约为 9.90%）时，旅游业专业化水平估计系数为 −0.471，并在 0.01 显著性水平上显著，表明此时旅游目的地专业化水平提升 1%，单位旅游收入碳排放能够降低 0.471%。而当森林覆盖率大于 9.90% 时，旅游业专业化水平对旅游碳排放强度的影响进入了第二个区制中，其估计系数为 −0.543，并在 0.01 显著性水平上显著，表明此时旅游目的地专业化水平提升 1%，单位旅游收入碳排放能够降低 0.543%（见表 6-6）。与第一区制相比，旅游业专业化水平的提高，对于旅游碳排放强度的抑制作用得到强化。这意味着，随着生态禀赋水平的进一步提升，旅游业专业化水平的提升会发挥更加明显的降低旅游碳排放强度的积极作用。森林覆盖率是判断旅游目的地生态资源禀赋的重要指标，以森林为代表的生态保护地是开展生态旅游的重要空间载体，森林覆盖率高则往往意味着生态旅游产品开发和生态旅游活动潜在可能性更高。因此可以发现，生态旅游在旅游业中比重的提高，对于旅游碳排放强度的降低发挥了更加关键的作用。进一步证实了发展生态旅游对于旅游业绿色可持续发展的重要意义。

表 6-6 生态禀赋水平门槛下的面板门槛模型参数估计结果

	（1）	（2）
	lntourzyh	*lntourgjh*
VARIABLES	$lnCO_2\_sr$	$lnCO_2\_sr$
lnecon	−0.320***	−0.267***
	（0.0762）	（0.0823）
lnopen	0.160***	0.206***
	（0.0531）	（0.0573）
lnczh	0.713*	−0.365

续表

VARIABLES	(1) lntourzyh $lnCO_2\_sr$	(2) lntourgjh $lnCO_2\_sr$
	(0.385)	(0.392)
lnhjgz	−0.0457**	−0.0589**
	(0.0223)	(0.0237)
lninfra	0.00474	0.00844
	(0.0437)	(0.0466)
lntourzyh ($lnenvi \leq y_1$)	−0.471***	
	(0.0705)	
lntourzyh ($lnenvi > y_1$)	−0.543***	
	(0.0686)	
lntourgjh ($lnenvi \leq y_1$)		0.211***
		(0.0461)
lntourgjh ($lnenvi > y_1$)		0.124***
		(0.0392)
Constant	−0.106	−0.0569
	(1.151)	(1.255)
Observations	390	390
Number of id	30	30
R-squared	0.554	0.492

Standard errors in parentheses
*** p < 0.01, ** p < 0.05, * p < 0.1

（2）目的地省份旅游业高级化水平对旅游碳排放强度存在以生态禀赋水平为门槛变量的单一门槛效应。单一门槛将样本划分为两个区制，在两个区制中旅游业高级化水平对旅游碳排放强度的估计系数均大于 0 且在 0.01 水平上显著，说明不论目的地省份生态禀赋处于什么水平，旅游业高级化水平的提高，对目的地省份旅游碳排放强度的提升均起到促进作用，这与前文线性面板回归中的相应结论一致。具体而言，当旅游发展水平门槛小于-3.0159（对应森林覆盖率约为4.90%）时，旅游业高级化水平估计系数为0.211，并在0.01显著性水平上显著，表明此时旅游目的地高级化水平提升1%，单位旅游收入碳排放增长了0.211%。而当森林覆盖率大于4.90%时，旅游业高级化水平对旅游碳排放强度的影响进入了第二个区制中，其估计系数为0.124，并在0.01显著性水平上显著，表明此时旅游目的地高级化水平提升1%，单位旅游收入碳排放则增长0.124%。与第一区制相比，旅游业高级化程度的提高，对于旅游碳排放强度的促进作用有所削弱。说明在发展入境旅游和国际旅游目的地建设过程中，应该重视生态禀赋较好区域的生态旅游产品的创新和开发，同时推动旅游产品生态化、低碳化、绿色化，进而使旅游业高级化带来的碳排放效率损失降低，推动旅游产业提质增效。

第四节 本章小结

本章是中国旅游碳排放强度影响因素线性研究的延伸。基于目的地经济异质性、政策异质性、生态异质性等多维视角，通过构建面板门槛回归模型，揭示了旅游业专业化水平、旅游业高级化水平对目的地省份旅游碳排放强度影响的非线性特征。通过上述分析，形成了以下三个方面的结论和政策启示：

第一，旅游发展水平异质性产生的门槛效应。旅游业专业化水平和旅游业高级化水平对旅游碳排放强度的影响具有显著非线性特征，随着旅游发展水平的提高，旅游业专业化水平对于碳排放强度的抑制作用逐渐减弱，旅游业高级化水平对于碳排放强度的作用由微弱抑制作用向加剧作用过渡。因此，在提高旅游消费过程中，对旅游产品体系的构建和升级应该注重绿色化、低碳化、生态化。同时应当重视国际旅游目的地建设过程中旅游碳排放强度的增强和旅游碳排放效率的降低问题。

第二，环境规制水平异质性产生的门槛效应。旅游业专业化水平和旅游业高级化水平对旅游碳排放强度具有门槛特征。可具体阐释为旅游业专业化水平对碳排放强度有抑制作用，但这种作用会受到环境规制水平的影响，当环境规制水平提高则这种抑制作用就会降低。与之不同，旅游业高级化水平对碳排放强度的促进作用则会随着环境规制水平的提高而进一步增强。这意味着，目的地整体的环境规制政策，特别是针对工业等其他行业的环境规制政策对于旅游业碳减排而言，并不能发挥理想的政策效应。因此，需要针对旅游业推出相应环境规制政策，通过精准施策，发挥政策因素对旅游业低碳可持续发展的推动作用。

第三，生态禀赋水平异质性产生的门槛效应。旅游业专业化水平和旅游业高级化水平对旅游碳排放强度具有门槛特征。即旅游业专业化水平对碳排放强度的抑制作用会随着目的地生态资源禀赋的提高而提高，而旅游业高级化水平对碳排放强度的促进作用则会随着生态禀赋水平的提高而降低。这一发现体现了生态旅游对于构建旅游业低碳绿色发展的重要意义。因此应当结合目的地自然资源禀赋，对生态旅游产品进行创新和开发，提高生态旅游在旅游业中的地位。通过发展生态旅游，推动旅游业整体的低碳化发展，并提高旅游碳排放效率。

第七章　研究结论与展望

　　旅游业与气候环境的关系成为世界关注的重点问题，旅游业在促进区域经济增长以及增加就业的同时，也会对气候环境的变化产生一定的影响。在现有相关研究成果的基础上，已经证实旅游碳排放的存在，并且在旅游过程中产生的碳排放量并不一定比其他产业少。旅游经济发展（旅游经济规模和旅游经济结构）和旅游碳排放之间的关系的探讨以及对旅游碳排放影响因素进行定量系统分析对旅游业碳减排有着指导性作用。关注和深入研究旅游业的碳排放和低碳旅游发展问题，能够在科学客观评价旅游业的碳排放现状和减排潜力、制订减排措施等方面具有积极的意义。

第一节　研究结论

一、研究总体概述

　　本研究运用经济学、旅游学、生态学、计量经济学等学科的理论和方法，对旅游碳排放的测度方法及其影响因素进行分解分析和实证研究，并就旅游业碳减排和低碳旅游的发展提出一系列的解决措施和手段。综合比较当前旅游碳排放测度的多种方法，如"自上而下法""自下而上法""情景分析法""生命周期评价法"等，结合我国实情，借鉴"自下而上"的测算方法，对中国30个省份旅游业的能源消耗和二氧化碳排放进行初步测算，得出了2005—2016年各省份的旅游碳排放总量。基于统计年鉴和能源平衡表等数据资源，运用旅游消费剥离系数将旅游业能源消耗剥离出来，然后通过能源消费与碳排放的换算关系得到旅游业的碳排放量。进一步，参照采用Tapio脱钩模型，进而计算旅游碳排放量与旅游经济规模之间的关系，并且重点关注旅游经济总量在相同的时间维度下呈现的变化方向、幅度和能源消耗总量存在的相关性。

为进一步探讨旅游经济增长发展与碳排放之间的关系，依托 EKC 假说等理论，运用面板数据和计量经济方法就中国旅游经济结构对旅游碳排放影响展开研究，具体分析旅游业专业化水平、旅游业产业结构以及经济发展水平、环境规制水平、城镇化水平等多种因素与旅游碳排放之间的线性关系与相互作用机制。为揭示旅游业专业化水平和旅游业高级化水平影响旅游碳排放强度的动态过程，选择面板门槛模型作为探究前述非线性特征的研究方法，并从经济发展、政策管理、生态本底等不同维度选择门槛变量，以考虑多维异质性产生的非线性特征，同时构建了相应模型。

本研究的主要创新点为研究视角和研究内容创新。本研究深入探讨了中国旅游经济发展与旅游碳排放之间的关系，并根据研究结果来分析二者之间的脱钩状态，在一定程度探索了旅游经济增长与旅游碳排放下降并存的可能性。同时对中国旅游碳排放影响因素展开研究，探讨了中国旅游经济规模和旅游经济结构对旅游碳排放强度的影响，并从线性视角和非线性视角进行验证，特别是针对旅游业专业化水平和旅游业高级化水平两个指标对于旅游碳排放强度的影响分别进行了证实。这意味着中国旅游经济的高质量发展已初见成效，随着旅游业发展的进一步专业化，旅游碳排放对环境的不利影响会不断降低，旅游经济与生态环境的发展逐渐协调。同时，现有的生态经济发展政策和旅游业绿色发展策略等都已经起到了较好的碳减排效果，未来针对旅游业的绿色可持续发展应继续推出相应的环境规制政策、技术创新策略和公共服务推进政策等，发挥政策因素对旅游业低碳可持续发展的推动作用。因此，政府应贯彻落实加快发展生态经济、促进绿色发展等政策建议，以加快推动中国旅游业整体的低碳化发展进程，并且不断提升旅游碳排放效率，促使旅游业走低碳、绿色、可持续发展之路。

二、中国旅游碳排放测度结论

根据整体的估算结果来看，全国旅游活动碳排放占旅游碳排放的比例平均为 4.0%，最高为 2016 年的 6.7%，最低为 2006 年的 3.0%，总体上呈现逐渐上升的趋势，主要是因为全国碳排放量高的旅游活动在不断增加。其中，旅游交通一直是旅游碳排放的主要来源，通过现有的文献研究论证和现有的数据测算，全国旅游交通碳排放占旅游碳排放的比例平均为81.7%，最高为2015年的89.7%，最低为2003年的75.0%，这与Gössling等学者估算的60%~95%的结果基本一致。2010年后，高铁、自驾车出行等旅游交通方式的增多，使得旅游交通碳排放在总体旅游碳排放中的比重有所上升。通过测算发现，在全国层面，旅游住宿碳排放占总体旅游碳排放的比例平均为14.3%，最高为2004年的21.8%，最低为2016年的4.5%。

根据区域结构分析结果，主要从本研究的30个区域数据进行解析，在2000年到2016年期间，各地区旅游业的平均碳排放变化趋势存在差异，在书中分析的所有省份和区域内，位于中部地区的湖南省的平均碳排放量在第一位，已经超过了700万吨；紧接着就是较为发达的东部地区中的上海和浙江，碳排放量达到了500万吨以上；以甘肃、海南、青海、宁夏等地为代表的处于西部地区的省份平均碳排放量处于较低水平，尚未超过100万吨。根据测算得出的碳排放量，将30个省份分为高、中、低三个值区，并且分析了中国省份旅游业能源消费量与碳排放量的趋势和特征，实证结果初步揭示了我国旅游碳排放强度的时空演变过程，我国整体层面和高、中、低三个值区的旅游碳排放年增长率变化各不相同，高值区的旅游碳排放增长率从2001年的16.66%至2010年到达最高值36.33%，其间一直处于波动增长状态，然后碳排放增长率开始波动下降至2016年的16.61%；中值区的碳排放增长率则不同，一直处于较大幅度的波动，增长率最低有1.47%，最高有58.84%；低值区的碳排放增长率除个别年份外，整体呈现小幅度波动下降的趋势，从2000年的26.03%至2016年的26.77%，增长率的最高值出现在了2004年，为42.77%；与以上三个值区的碳排放增长率增幅变化相较而言，全国的碳排放增长率较为平稳，整体碳排放增长率处于下降趋势。这一部分的旅游碳排放测算为进一步深入研究中国旅游碳排放的影响因素打下了基础。

三、中国旅游碳排放与经济增长脱钩效应结论

借鉴Tapio脱钩模型的相关指标，结合我国旅游业发展现状，通过验证得出我国旅游碳排放脱钩弹性指标基本上处于较平稳的状态。从2001—2016年

的统计数据可知，我国旅游碳排放与经济增长之间的脱钩关系主要以弱脱钩和增长连接为主，具体表现为旅游经济在保持快速增长的状态下，旅游碳排放也在不断增长，但是前者的速度相对后者来说更加迅速。这表明，旅游经济的增长与旅游业二氧化碳排放量之间仍然存在压力关系。

2005—2016 年，我国主要省份整体旅游经济发展与旅游碳排放之间的脱钩弹性指标在不同年份间会有所波动。从 2005 年到 2008 年，脱钩弹性指标不断上升，反映出旅游碳排放随旅游经济快速增长而增长的粗放增长模式；2009年和 2010 年在全球金融危机之后，政府采取的刺激措施促使经济出现快速增长，增加了能源消耗，进而增加了碳排放总量，因此在此期间二者的关系表现为增长连接较多，表明旅游碳排放量与旅游收入同幅增长，两者处于未脱钩形态。

四、中国旅游经济发展水平对旅游碳排放的基本研究结论

旅游业专业化水平对旅游碳排放强度的影响显著为负值，即随着旅游业专业化水平的不断增强，旅游碳排放强度不断减弱。旅游业总收入在 GDP 中的比重每增加一个单位，旅游碳排放强度就会降低 0.441 个单位。我国旅游经济发展水平与环境之间的关系目前正处于倒 U 形曲线的右半边阶段，即随着旅游业专业化水平（旅游收入在 GDP 中的比重）的不断提高，旅游业对环境的影响在不断减弱，环境质量随着旅游业专业化水平的提升得到了逐步改善。旅游碳排放强度受控制变量经济发展水平的影响，且二者的关系呈现为负相关。这意味着每当经济发展水平增加 1 个单位，旅游碳排放强度就会下降 0.279 个单位。根据 EKC 假说，环境质量与收入水平之间存在倒 U 形曲线的变化关系，换言之，旅游碳排放强度会随着经济发展水平的增长而下降，环境质量会得到改善。这意味着，目前中国旅游经济的发展已经进入了环境库兹涅茨曲线的右半边阶段，即已经跨越了倒 U 型曲线的拐点，从粗放式的增长方式转变到集约型的增长方式，旅游业高质量发展已见成效。

旅游业产业结构对旅游碳排放的影响作用并不显著，其影响效果有待进一步的研究判定。核心解释变量旅游业产业结构对旅游碳排放强度的影响结果为负，但是回归结果不显著。根据回归结果显示，控制变量中仅有经济发展水平

对碳排放强度的影响是显著为负的，即旅游经济发展水平每增加 1 个单位，旅游碳排放强度就会降低 0.415 个单位，除此之外，对外开放水平、城镇化水平、环境规制水平和基础设施水平等其他控制变量对碳排放强度的影响并不显著，影响程度不确定，即暂时不能够明确判定其对旅游碳排放强度的影响效果，这与核心解释变量旅游业专业化水平的回归结果完全吻合。

五、中国旅游经济发展水平对旅游碳排放的门槛效应研究结论

旅游发展水平异质性产生的门槛效应：（1）目的地省份旅游业专业化水平对旅游碳排放强度存在以旅游发展水平为门槛变量的单一门槛效应。单一门槛将样本划分为两个区制，在两个区制中旅游业专业化水平对旅游碳排放强度的估计系数均小于 0 且在 0.01 水平上显著，说明不论目的地省份旅游发展水平处于什么阶段，旅游业专业化水平的提高，对目的地省份旅游碳排放强度的提升均起到抑制作用。（2）目的地省份旅游业高级化水平对旅游碳排放强度存在以旅游发展水平为门槛变量的双重门槛效应。双重门槛将样本划分为三个区制，在三个区制中旅游业高级化水平对旅游碳排放强度的估计系数由小于 0 不显著过渡到大于 0 且在 0.01 水平上显著。说明目的地省份旅游发展水平存在差异，处于不同的阶段，旅游业高级化水平的提高对目的地省份旅游碳排放强度的影响具有由负至正的作用。旅游业专业化水平和旅游业高级化水平对旅游碳排放强度的影响显示出较为显著的非线性特征，伴随着旅游发展水平的不断提高，旅游业专业化水平对于碳排放强度的抑制作用逐渐减弱，旅游业高级化水平对于碳排放强度的作用由微弱抑制作用向加剧作用过渡。

环境规制水平异质性产生的门槛效应：（1）目的地省份旅游业专业化水平对旅游碳排放强度存在以环境规制水平为门槛变量的单一门槛效应。单一门槛将样本划分为两个区制，在两个区制中旅游业专业化水平对旅游碳排放强度的估计系数均小于 0 且在 0.01 水平上显著，说明不论目的地省份环境规制水平处于什么程度，旅游业专业化水平的提高对目的地省份旅游碳排放强度的提升均起到抑制作用。（2）目的地省份旅游业高级化水平对旅游碳排放强度存在以环境规制水平为门槛变量的单一门槛效应。单一门槛将样本划分为两个区制，在两个区制中旅游业高级化水平对旅游碳排放强度的估计系数均大于 0 且在 0.01

水平上显著，说明不论目的地省份环境规制水平处于什么程度，旅游业高级化水平的提高对目的地省份旅游碳排放强度的提升均起到促进作用。旅游业专业化水平和旅游业高级化水平对旅游碳排放强度具有门槛特征。即旅游业专业化水平对碳排放强度的抑制作用会随着环境规制水平的提高而降低，而旅游业高级化水平对碳排放强度的促进作用则会随着环境规制水平的提高而进一步增强。

生态禀赋水平异质性产生的门槛效应：（1）目的地省份旅游业专业化水平对旅游碳排放强度存在以生态禀赋水平为门槛变量的单一门槛效应。单一门槛将样本划分为两个区制，在两个区制中旅游业专业化水平对旅游碳排放强度的估计系数均小于 0 且在 0.01 水平上显著，说明不论目的地省份生态禀赋优劣，旅游业专业化水平的提高对目的地省份旅游碳排放强度的提升均起到抑制作用。（2）目的地省份旅游业高级化水平对旅游碳排放强度存在以生态禀赋水平为门槛变量的单一门槛效应。单一门槛将样本划分为两个区制，在两个区制中旅游业高级化水平对旅游碳排放强度的估计系数均大于 0 且在 0.01 水平上显著，说明不论目的地省份生态禀赋处于什么水平，旅游业高级化水平的提高对目的地省份旅游碳排放强度的提升均起到促进作用。旅游业专业化水平和旅游业高级化水平对旅游碳排放强度具有门槛特征。即旅游业专业化水平对碳排放强度的抑制作用会随着目的地生态资源禀赋的提高而提高，而旅游业高级化水平对碳排放强度的促进作用则会随着生态禀赋水平的提高而降低。这一发现体现了生态旅游对于构建旅游业低碳绿色发展体系的重要意义。

第二节　政策建议

依据以上研究结论可知，中国旅游碳排放和旅游经济发展之间的脱钩关系主要以弱脱钩和增长连接为主。旅游碳排放主要由旅游过程中交通、住宿、活动和食物四大部分组成，这四个部分消耗相应的资源，产生旅游碳排放，其中旅游交通产生的碳排放相对较多，对上述研究中发现的主要碳源进行规范管理和优化，将会显著减少旅游业碳减排。从旅游业专业化水平角度分析，旅游业专业化水平对旅游碳排放强度的影响显著为负值，即旅游业专业化水平的提升可以减弱旅游碳排放强度。从旅游业产业结构角度分析，旅游业产业结构对旅游碳排放的影响作用并不显著，即旅游业产业结构目前对旅游碳排放的影响效果不明显或者不确定。基于减少旅游碳排放、提升旅游业经济收入、促进旅游业高质量发展等目标，本研究提出如下建议：

一、推动旅游业科技进步，创新低碳技术

根据研究，中国旅游碳排放和旅游经济发展之间的脱钩关系主要以弱脱钩和增长连接为主，表明旅游碳排放会随着旅游经济的发展处于同步增长状态，但旅游碳排放强度可以随着技术应用水平的提升，以及低碳旅游的发展而呈现下降趋势。因此，推动旅游业科技进步，促进旅游业专业水平提升，创新引入低碳技术，可以促进碳排放强度下降。科技创新不仅是经济发展的第一动力，而且也是低碳减排的源动力。科技创新技术所能带来的减排效果是多方面的，首先，科技创新不仅能够从源头改善旅游产品的生产设计，还可以高效更新旅游相关产品及相关设施，减少在生产过程当中所需要投入的人力与物力，提高同等物质消耗水平下的生产效率。其次，科技创新能够提高旅游业的生产质量，增加经济产值，提高经济收益，使产业步入低投入、高收益、低能耗、高效率的发展轨道。最后，提高旅游业科研创新技术水平需要关注重点科研项目，积极引进先进技术，使用绿色能源，建设智慧景区，与信息化、网络化、数字化技术的充分结合，促使旅游经济发展与旅游碳排放进一步脱钩。

为推动旅游业科技进步，促进节能和碳排放减排，也应将绿色能源和科学技术作为旅游经济增长的新动能，在旅游业推广低碳和节能技术。此外，应在旅游目的地开发过程中更广泛地使用清洁能源。同时，应尽快加快能源法的制定与实施，以确保在行业中持续提高能源效率。把大力推进新技术和新能源、积极号召节能减排等措施作为对地方旅游经济发展考核的标准之一，进而推动旅游目的地建设向低碳化、绿色化发展，并且推动旅游业清洁机制的发展，将节能减排技术充分运用到旅游业中，从而为低碳旅游发展提供技术保障和制度保障。

二、引导全社会提高低碳意识，发展低碳旅游消费

根据研究发现，旅游业发展水平不同，对旅游碳排放的门槛效应影响显著，而旅游业发展水平与旅游者的消费紧密相关，因此，低碳旅游消费和低碳旅游供给对旅游碳减排均有着积极影响。首先，政府应通过绿色理念引导，为旅游经济发展提供多种途径，从而促进旅游业发展从粗放式发展向低碳绿色发展转型升级，同时结合旅游业发展现状和未来发展方向，出台一系列行之有效的绿色政策，推动行业改革，优化产业结构。其次，政府应结合区域发展现状，因地制宜，统筹区域协调发展，借助金融手段，大力引进先进科技，强化区域内科技研发、创新和应用。最后，政府也要注重旅游市场监管体制机制的建设，不断优化监管措施和监管力度，充分强调旅游发展过程中的生态建设，充分贯彻旅游业发展过程中的绿色发展理念，促进旅游市场经济朝着绿色可持续的方向发展。

目前我国旅游业低碳经济的发展成效仍不显著，低碳发展不是旅游业某一主体本身的任务，而是整个旅游业乃至全社会一起努力的方向。在未来，政府应从以下几个方向努力提高全社会对低碳经济的认识：一是通过文旅部门和环保部门引导更多的旅游企业主动参与低碳发展、节能减排的实践，从而促使低碳减排成为旅游企业文化的一部分。二是加强舆论引导旅游企业低碳发展、减少污染，并且呼吁旅游企业在发展过程中要充分发挥自身的引导作用，提醒并且带领旅游者实现旅游过程中的消费，积极倡导旅游者低碳出行、绿色生活，提高旅游者的绿色低碳意识；推进全民绿色教育，倡导绿色生活观念，以加快促进我国旅游业的高质量发展。三是集全社会的力量，加强低碳旅游相关研究，集思广益，推动旅游业低碳经济快速发展，尽早实现"碳中和"目标。

三、实施低碳旅游管理手段，提升旅游行业低碳管理水平

旅游行业中的政府部门、企业等应充分运用低碳管理手段，维持旅游业的可持续发展。旅行社作为旅游行业各产业部门相互联系的重要枢纽，在低碳旅游的发展发挥着举足轻重的作用。因此，旅行社应积极推广低碳旅游产品线路，创新旅游产品，如开发"徒步探险""徒步漫游""单车骑行"等，引领旅

游者回归自然、感受自然、保护自然。

旅游景区是旅游目的地的重要组成部分，也是旅游活动的重要内容。旅游景区每天接待大量旅游者，尤其在旅游旺季，景区游客人数更是激增，因此，旅游景区也应成为节能减排的重要部门。旅游景区应贯彻低碳理念，在旅游景区的规划、开发、管理中实施绿色化、低碳化、生态化管理手段，通过清洁生产、综合利用、生态化设计等手段创新经营方式。同时，旅游景区应建立景区环境评估系统，加强低碳配套设施，引进清洁能源，在景区的能源使用、游览项目、基础设施等日常运营方面加强低碳化管理，最大限度地减少能源、水、电等资源的消耗。例如，在景区内部使用电瓶车、自行车进行游览观光，推行电子票券等。

第三节　研究展望

本研究在借鉴国内外现有相关文献研究的基础上，对中国旅游碳排放与旅游经济增长之间的关系进行了实证研究，并探索了中国旅游碳排放的时空演变特征及其主要影响因素，最后根据具体的实证分析结果提出了提升中国旅游业高质量发展、促进碳排放和经济增长脱钩的政策建议。这对于现阶段实现我国旅游业低碳发展、推进我国旅游业高质量发展具有重要的现实和理论意义，为实现我国生态文明建设和"美丽中国"建设贡献理论价值和实践价值。但是，在本研究开展的过程中，遇到了客观旅游业统计数据限制、本人研究能力的欠缺和精力不足等问题，从而导致本研究尚有一些未解决的难题需要在以后的研究中不断完善，具体问题和完善方向如下：

第一，研究选择的数据时间不够全面和完整。考虑到数据的收集过程中存在一定的困难，本研究主要是基于2001—2016年的旅游业相关数据作为研究范围，时间跨度较小、时间范围较短，最终的研究结果仅仅能够体现一段时间内的旅游业发展水平和旅游业碳排放情况，未能充分体现在此之前和在此之后的情况，从而一定程度上会导致研究结果和研究结论存在不全面性和不显著性。基于此，本研究今后仍要加大研究范围，做出更全面的研究，并且要加强旅游业碳排放的估算研究。

第二，影响因素的识别考虑不够全面。本研究主要是在对现有相关研究进行梳理的基础上，结合我国旅游业发展的实际情况，根据相关研究成果和研究经验确定了本研究需要讨论的影响因素，并且将相对重要的指标纳入整个分析框架中，并未采用专业科学的方法来选择相关的影响因素展开研究，一定程度上会导致影响因素的选择不够全面和科学。同时，就本研究的影响因素体系来看，所选择的影响因素指标数量相对比较少，不能够全面完整地考虑旅游碳排放影响因素，可能存在遗漏。今后随着数据的不断公布，将尽可能选择更为专业的影响因素选择方法，充分考虑将更多的影响因素纳入本研究的实证研究当中。

第三，在实证分析中，本研究在旅游碳排放与旅游经济结构之间所具有的非线性相关性关系中，仅考虑了旅游业专业化水平和旅游业产业结构两种因素对旅游经济发展的影响。但实际上，尚存在诸多未考虑到的会对旅游碳排放产生不同程度影响的因素，同时碳排放可能与多个因素之间均存在非线性关系，且不同因素可能会对碳排放产生联合影响，上述情况均会对旅游碳排放和旅游经济增长之间的关系产生一定影响。今后应结合本研究所提出的方法对此进行更加深入的研究，并且要充分考虑影响因素之间的联合影响，从而更加丰富我国旅游经济增长和旅游碳排放的相关研究，促进旅游业碳排放和经济增长之间均衡状态的实现，为旅游业可持续发展提供一定的理论支撑和现实支撑。

参考文献

［1］蔡风景，李元. 基于图模型方法的我国二氧化碳排放的 EKC 由线检验及影响因素分析［J］. 数理统计与管理，2016，35（4）：579-586.

［2］查建平，舒皓羽，李园园，等. 中国旅游碳排放及其影响因素研究——来自 2005—2015 年省级面板数据的证据［J］. 旅游科学，2017，31（5）：1-16.

［3］陈茜，苏利阳，汝醒君. 发达国家不同发展阶段碳排放与经济增长的因果关系分析［J］. 生态经济，2010（4）：52-55.

［4］陈迅，吴兵. 经济增长、城镇化与碳排放关系实证研究——基于中国、美国的经验［J］. 经济问题探索，2014（7）：112-117.

［5］陈芷君，刘毅华，林华荣. 广东省土地利用碳排放与经济增长之间的脱钩分析［J］. 生态经济，2018，34（5）：26-32.

［6］程占红. 2000—2012 年山西省旅游碳排放的时空差异［J］. 陕西师范大学学报（自然科学版），2015，43（6）：77-82.

［7］邓晓兰，鄢哲明，武永义. 碳排放与经济发展服从倒 U 形曲线关系吗——对环境库兹涅茨曲线假说的重新解读［J］. 财贸经济，2014（2）：19-29.

［8］董红梅，赵景波. 中国第三产业碳排放量与入境旅游人均消费的相关关系探析［J］. 干旱区资源与环境，2010，24（4）：185-189.

［9］盖美，曹桂艳，王成诗，等. 辽宁沿海经济带能源消费碳排放与区域经济增长脱钩分析［J］. 资源科学，2014，36（6）：1267-1277.

［10］郭炳南，林基，刘堂发. 长三角地区二氧化碳排放与经济增长脱钩关系的实证研究［J］. 生态经济，2017，33（4）：25-29.

［11］郭施宏，高明. 城市土地经济密度与碳排放的 EKC 假说与验证——基于省际静态与动态面板数据的对比分析［J］. 南京农业大学学报（社会科学

版），2017，17（1）：80-90.

［12］国涓，刘长信，孙平.中国工业部门的碳排放：影响因素及减排潜力［J］.资源科学，2011，33（9）：1630-1640.

［13］韩玉军，陆旸.经济增长与环境的关系——基于对 CO_2 环境库兹涅茨曲线的实证研究［J］.经济理论与经济管理，2009（3）：5-12.

［14］韩元军，吴普.京津冀地区旅游业的碳排放测算与比较研究［J］.人文地理，2016，31（4）：127-134.

［15］郝雅玲，师谦.西安市低碳旅游发展现状及策略研究［J］.河南科学，2015，33（6）：1025-1031.

［16］何彪，朱连心.海南省旅游经济增长与碳排放关联性的实证研究［J］.农村经济与科技，2020，31（5）：221-224.

［17］何芙蓉，胡北明."一带一路"倡议对我国沿线省份旅游高质量发展影响效应评估——基于 DID 模型的实证分析［J］.经济体制改革，2020（3）：46-52.

［18］何建民.我国旅游业供给侧结构性改革的理论要求、特点问题与目标路径研究［J］.旅游科学，2018，32（1）：1-13.

［19］侯文亮.低碳旅游及碳减排对策研究［D］.河南大学，2010.

［20］胡欢，章锦河，杨嫚，等.区域旅游碳排放测算及其动态变化研究——以江苏省为例［J］.生态经济（中文版），2016，32（6）：57-62.

［21］胡宗义，唐李伟，苏静.碳排放与经济增长：空间动态效应与 EKC 再检验［J］.山西财经大学学报，2013，35（12）：30-37.

［22］黄和平，乔学忠，张瑾，等.绿色发展背景下区域旅游碳排放时空分异与影响因素研究——以长江经济带为例［J］.经济地理，2019，39（11）：216-226.

［23］黄和平，王智鹏，宋伊瑶.乡村振兴背景下乡村旅游目的地碳足迹与生态效率研究——以江西婺源篁岭景区为例［J］.农业现代化研究，2019，40（4）：683-691.

［24］黄崎，康建成，张建业.酒店业碳排放基准线的构建与节能减排实证研究［J］.旅游科学，2017，31（4）：79-94.

［25］揭俐，王忠，余瑞祥.中国能源开采业碳排放脱钩效应情景模拟［J］.中国人口·资源与环境，2020，30（7）：47-56.

［26］杰雄，翟卫欣，程承旗，等.中国 $PM_{2.5}$ 污染空间分布的社会经济影响因素分析［J］.环境科学，2018，39（5）：2498-2504.

［27］黎文靖，郑曼妮.空气污染的治理机制及其作用效果——来自地级市的经验数据［J］.中国工业经济，2016（4）：93-109.

［28］李从欣，张再生，李国柱.中国经济增长和环境污染脱钩关系的实证检验［J］.统计与决策，2012（19）：133-136.

［29］李冬梅，梁思捷.政府环境污染治理投资的空间效应研究——以长江经济带为例［J］.长春理工大学学报（社会科学版），2020，33（4）：117-126.

［30］李风琴，李江风，胡晓晶.鄂西生态文化旅游圈碳足迹测算与碳效用研究［J］.安徽农业科学，2010，38（29）：16444-16445，16569.

［31］李国志，李宗植.中国二氧化碳排放的区域差异和影响因素研究［J］.中国人口资源环境，2010，20（5）：22-27.

［32］李鹏，黄继华，莫延芬，等.昆明市四星级酒店住宿产品碳足迹计算与分析［J］.旅游学刊.2010，25（3）：27-34.

［33］李鹏，杨桂华，郑彪，等.基于温室气体排放的云南香格里拉旅游线路产品生态效率［J］.生态学报，2008，28（5）：2207-2219.

［34］李强谊，钟水映，徐飞.中国旅游业二氧化碳排放的地区差异与收敛性研究［J］.经济问题探索，2017（8）：33-43.

［35］李维，陈秋红.环境库兹涅茨假设是否成立——基于 CO_2 排放量的国际数据验证［J］.南通大学学报（社会科学版），2013（5）：99-102.

［36］李卫兵，陈思.我国东中西部二氧化碳排放的驱动因素研究［J］.华中科技大学学报，2011，25（3）：111-116.

［37］李忠民，姚宇，庆东瑞.产业发展、GDP 增长与二氧化碳排放脱钩关系研究——以山西省建筑业为例［J］.统计与决策，2010（11）：108-111.

［38］林伯强，蒋竺均.中国二氧化碳的环境库兹涅茨曲线预测及影响因素分析［J］.管理世界，2009（4）：27-36.

［39］刘华军，闫庆悦，孙曰瑶．中国二氧化碳排放的环境库兹涅茨曲线——基于时间序列与面板数据的经验估计［J］．中国科技论坛，2011（4）：108-116.

［40］刘金培，宋晓霞，陈华友，等．中国人均碳排放影响因素的长期均衡与因果动态关系研究——基于结构突变 ARDL-VECM 模型的实证分析［J］．运筹与管理，2019，28（9）：57-65.

［41］刘金全，郑挺国，宋涛．中国环境污染与经济增长之间的相关性研究——基于线性和非线性计量模型的实证分析［J］．中国软科学，2009（2）：98-106.

［42］刘军，问鼎，童昀，等．基于碳排放核算的中国区域旅游业生态效率测度及比较研究［J］．生态学报，2019，39（6）：106-119.

［43］刘倩，赵普生．十五个主要碳排放国碳排放与经济增长实证分析与比较研究［J］．经济问题探索，2012（2）：137-144.

［44］刘绍平，汤军，许晓宏．数学地质方法及应用［M］．北京：石油工业出版社，2011.

［45］刘竹，耿涌，薛冰，等．中国低碳试点省份经济增长与碳排放关系研究［J］．资源科学 2011，33（4）：620-625.

［46］龙志和，陈青青．中国区域 CO_2 排放影响因素实证研究［J］．软科学，2011，25（8）：40-44.

［47］陆虹．中国环境问题与经济发展的关系分析——以大气污染为例［J］．财经研究，2000（10）：53-59.

［48］陆钟武，王鹤鸣，岳强．脱钩指数：资源消耗、废物排放与经济增长的定量表达［J］．资源科学，2011，33（1）：2-9.

［49］罗芬，钟永德，王怀採．碳足迹研究进展及其对低碳旅游研究的启示［J］．世界地理研究，2010，19（3）：105-113.

［50］马慧强，刘嘉乐，弓志刚．山西省旅游交通碳排放测度及其演变机理［J］．经济地理，2019，39（4）：223-231.

［51］马继，秦放鸣，谢霞．入境旅游碳排放与旅游经济增长脱钩关系研究［J］．新疆大学学报（哲学人文社会科学汉文版），2019，47（2）：21-28.

［52］马丽君，邓思凡．2008—2017 年中国旅游碳排放与旅游经济增长的脱钩分析——基于 31 个省区的比较［J］.资源开发与市场，2020，36（3）：225-232.

［53］马晓君，陈瑞敏，董碧滢，等．中国工业碳排放的因素分解与脱钩效应［J］.中国环境科学，2019，39（8）：3549-3557.

［54］马勇，郭田田．践行"两山理论"：生态旅游发展的核心价值与实施路径［J］.旅游学刊，2018，33（8）：16-18.

［55］潘植强，梁保尔．旅游碳排放强度分布及其驱动因子的时空异质研究——基于 30 个省〔市、区〕2005—2014 年的面板数据分析［J］.人文地理，2016，31（6）：152-158.

［56］彭佳雯，黄贤金，钟太洋．中国经济增长与能源碳排放的脱钩研究［J］.资源科学，2011，33（4）：626-633.

［57］齐绍洲，林屾，王班班．中部六省经济增长方式对区域碳排放的影响——基于 Tapio 脱钩模型、面板数据的滞后期工具变量法的研究［J］.中国人口·资源与环境，2015，25（5）：59-66.

［58］任晓航，王震，张雨濛．中国碳排放、清洁能源与经济增长的实证研究［J］.中国人口·资源与环境，2015，25（S2）：6-9.

［59］沈杨，胡元超，施亚岚，等．城市酒店业的碳排放核算及低碳指标分析［J］.环境科学学报，2017，37（3）：1193-1200.

［60］施锦芳，吴学艳．中日经济增长与碳排放关系比较——基于 EKC 曲线理论的实证分析［J］.现代日本经济，2017（1）：81-94.

［61］石培华，吴普，冯凌，等．中国旅游业减排政策框架设计与战略措施研究［J］.旅游学刊，2010，25（6）：13-18.

［62］石培华，吴普．中国旅游业能源消耗与 CO_2 排放量的初步估算［J］.地理学报，2011，66（2）：235-243.

［63］孙燕燕．上海市旅游碳排放估算及其效应分解［J］.地域研究与开发，2020，39（1）：122-126.

［64］孙耀华，李忠民．中国各省区经济发展与碳排放脱钩关系研究［J］.中国人口·资源与环境，2011，21（5）：87-92.

［65］唐婧. 低碳旅游生态循环经济系统构架研究：以湖南为例［J］. 湖南社会科学，2010（5）：131-134.

［66］陶玉国，黄震方，吴丽敏，等. 江苏省区域旅游碳排放测度及其因素分解［J］. 地理学报，2014，69（10）：1438-1448.

［67］滕飞，曹丹，全紫薇，等. 东北三省碳排放与经济增长脱钩关系的实证分析［J］. 吉林师范大学学报（自然科学版），2018，39（3）：56-63.

［68］田红，丁长安. 区域旅游碳排放的时空差异——以山东省为例［J］. 北京理工大学学报：社会科学版，2018，20（6）：45-54.

［69］田伟，谢丹. 中国农业环境库兹涅茨曲线的检验与分析——基于碳排放的视角［J］. 生态经济，2017（2）：37-40.

［70］王佳，薛景洁. 旅游交通碳排放测算及影响因素分析［J］. 统计与决策，2016（13）：61-64.

［71］王凯，李泳萱，易静，郑群明. 中国服务业增长与能源消费碳排放的耦合关系研究［J］. 经济地理，2013，33（12）：108-114.

［72］王凯，邵海琴，周婷婷，刘浩龙. 基于 STIRPAT 模型的中国旅游碳排放影响因素分析［J］. 环境科学学报，2017，37（3）：1185-1192.

［73］王凯，肖燕，李志苗，等. 中国旅游业 CO_2 排放区域差异的空间分析［J］. 中国人口·资源与环境，2016，26（5）：83-90.

［74］王立国，丁晨希，彭剑峰，等. 森林公园旅游经营者碳补偿意愿的影响因素比较［J］. 经济地理，2020，40（5）：230-238.

［75］王美昌，徐康宁. 贸易开放、经济增长与中国二氧化碳排放的动态关系——基于全球向量自回归模型的实证研究［J］. 中国人口·资源与环境，2015，25（11）：52-58.

［76］王琦，李金叶，何昭丽. 新疆旅游碳排放测算与脱钩关系研究［J］. 生态经济，2018，34（1）：27-32.

［77］王元，文兰，陈木法. 数学大辞典［M］. 北京：科学出版社，2010.

［78］王云，张军营，赵永椿，等. 基于 CO_2 排放因素模型的"脱钩"指标构建与评估——以山西省为例［J］. 煤炭学报，2011，36（3）：507-513.

［79］王志民. 镇江"三山"风景区旅游碳排放测度研究［J］. 地域研究

与开发，2016，35（1）：156-161.

［80］魏下海，余玲铮．空间依赖、排放与经济增长——重新解读中国的 EKC 假说［J］．探索，2011（1）：100-105.

［81］吴芳梅，曾冰．环境约束下民族地区旅游经济效率及其影响因素研究［J］．经济问题探索，2016（7）：177-184.

［82］肖德，张媛．经济增长、能源消费与二氧化碳排放的互动关系——基于动态面板联立方程的估计［J］．经济问题探索，2016（9）：29-39.

［83］谢园方，赵媛．国内外低碳旅游研究进展及启示［J］．人文地理，2010，25（5）：27-31.

［84］许广月，宋德勇．中国碳排放环境库兹涅茨曲线的实证研究——基于省域面板数据［J］．中国工业经济，2010（5）：37-47.

［85］徐晶晶．沿海地区绿色全要素生产率测度、收敛及影响因素研究［D］．浙江理工大学，2015.

［86］阳瑾瑜．广西能源消费、碳排放与经济增长关系的实证研究［J］．社会科学家，2017（11）：87-90.

［87］杨嵘，常烜钰．西部地区碳排放与经济增长关系的脱钩及驱动因素［J］．经济地理，2012，32（12）：34-39.

［88］杨曦，李云云，林楚．武隆世界自然遗产地旅游交通碳排放研究［J］．重庆师范大学学报（自然科学版），2017，34（1）：131-137.

［89］杨子晖．"经济增长"与"二氧化碳排放"关系的非线性研究：基于发展中国家的非线性 Granger 因果检验［J］．世界经济，2010，33（10）：139-161.

［90］白洋，艾麦提江·阿布都哈力克，邓峰．我国"一带一路"交通基础设施对旅游专业化的空间效应［J］．中国流通经济，2017，31（3）：79-87.

［91］尧波，胡丹，郑丽雯，等．庐山世界地质公园旅游碳排放特征与原因分析［J］．江西师范大学学报（自然科学版），2017，41（3）：326-330.

［92］姚李忠，王中华，徐圣友．山岳型酒店能源强度与碳排放特征研究［J］．地理科学，2020，40（6）：965-972.

［93］姚石，杨红娟．生态文明建设的关键因素识别［J］．中国人口·资

源与环境，2017，27（4）：119-127.

［94］易艳春，宋德勇.经济增长与我国碳排放：基于环境库兹涅茨曲线的分析［J］.经济体制改革，2011（3）：35-38.

［95］余继峰，张涛，宋召军.高等教育"十三五"规划教材数学地质方法与应用［M］.徐州：中国矿业大学出版社，2019.

［96］原媛，孙欣彤.城市化、产业结构、能源消费、经济增长与碳排放的关联性分析——基于中国省际收入水平异质性的实证研究［J］.气候变化研究进展，2020，16（6）：738-747.

［97］苑清敏，张文龙，宁宁宁.京津冀物流业碳排放驱动因素及脱钩效应研究［J］.科技管理研究，2016，36（5）：222-226.

［98］张蕾，陈雯，陈晓，等.长江三角洲地区环境污染与经济增长的脱钩时空分析［J］.中国人口·资源与环境，2011，21（S1）：275-279.

［99］张婷，胡传东，张述林.基于投入产出方法的中国旅游部门间接碳排放分解研究［J］.重庆师范大学学报（自然科学版），2015，32（4）：167-172.

［100］赵爱文，李东.中国碳排放与经济增长的协整与因果关系分析［J］.长江流域资源与环境，2011，20（11）：1297-1303.

［101］赵磊，毛润泽.旅游发展、门槛效应与经济增长——来自中国的经验证据［J］.山西财经大学学报，2013，35（12）：69-83.

［102］赵先超，滕洁.湖南省旅游碳排放估算及 Tapio 脱钩效应分析［J］.湖南工业大学学报，2017，31（1）：9-14，74.

［103］赵先超，滕洁.基于 LMDI 的湖南省旅游碳排放影响因素分解［J］.环境科学与技术，2018，41（9）：192-199.

［104］钟永德，石晟屹，李世宏，等.中国旅游碳排放计量框架构建与实证研究［J］.中国人口·资源与环境，2014，24（1）：78-86.

［105］周彦楠，杨宇，程博，等.基于脱钩指数和 LMDI 的中国经济增长与碳排放耦合关系的区域差异［J］.中国科学院大学学报，2020，37（3）：295-307.

［106］庄贵阳.低碳经济：气候变化背景下中国的发展之路［M］.北京：

气象出版社，2007.

[107] Agras J, Chapman D. A dynamic approach to the Environmental Kuznets Curve hypothesis[J]. Ecological Economics, 1999, 28(2): 267-277.

[108] Ahdi N A, Shawkat H, Duc K N, et al. On the relationships between CO_2 emissions, energy consumption and income: The importance of time variation[J]. Energy Economics, 2015, 49(4): 629-638.

[109] Akadiri S S, Lasisi T T, Uzuner G, et al. Examining the impact of globalization in the environmental Kuznets curve hypothesis: the case of tourist destination states[J]. Environmental ence and Pollution Research, 2019, 26(12).

[110] Andreoni V, Galmarini S. Decoupling economic growth from carbon dioxide emissions: A decomposition analysis of Italian energy consumption[J]. Energy, 2012, 44(1): 682-691.

[111] Anser M K, Yousaf Z, Awan U, et al. Identifying the carbon emissions damage to international tourism: Turn a blind eye[J]. Sustainability, 2020, 12(5):1937.

[112] Aslan A, Destek M A, Okumus I. Sectoral carbon emissions and economic growth in the US: Further evidence from rolling window estimation method[J]. Journal of Cleaner Production, 2018, 200(1): 402-411.

[113] Azomahou T, Laisney F, Phu N V. Economic development and CO_2 emissions: A nonparametric panel approach[J]. Journal of Public Economics, 2006, 90(6): 1347-1363.

[114] Beccali M, Gennusa M L, Coco L L, et al. An empirical approach for ranking environmental and energy saving measures in the hotel sector[J]. Renewable Energy, 2009, 34(1): 82-90.

[115] Becken S, Frampton C, Simmons D G. Energy consumption patterns in the accommodation sector: The New Zealand case[J]. Ecological Economics, 2001, 39(3): 371-386.

[116] Becken S, Patterson M. Measuring national carbon dioxide emissions from tourism as a key step towards achieving sustainable tourism[J]. Journal of

Sustainable Tourism, 2006, 14(4): 323-338.

［117］Becken S, Simmons D G, Frampton C. Energy use associated with different travel choices[J] . Tourism Management, 2003, 24(3): 267-277.

［118］Becken S, Simmons D G. Understanding energy consumption patterns of tourist attractions and activities in New Zealand[J]. Tourism Management, 2002, 23(4): 343-354.

［119］Becken S. Analyzing international tourist flows to estimate energy use associated with air travel[J]. Journal Sustainable Tourism, 2002, 10(2): 114-31.

［120］Bilgili F, Koçak E, Bulut Ü. The dynamic impact of renewable energy consumption on CO_2 emissions: A revisited Environmental Kuznets Curve approach[J]. Renewable and Sustainable Energy Reviews, 2016（54）:838-845.

［121］Boniface P. Tasting tourism: Travelling for food and drink[M]. Burlington: Ashgate, 2003.

［122］Brunotte M. Energiekennzahlen fürden kleinverbrauch[M]. Studieim Auftrag des Öko-Instituts, Freiburg, 1993.

［123］Burnett J. Implementing energy efficiency and water conservation in the hotel industry ［C］// Hong Kong Hotel Association Seminar on Corporate Commitment to Energy Conservation, 1994.

［124］Busch H, Luberichs J. Reisenund Energieverbrauch [M]. Sankt Augustin: Academia Verlag, 2001.

［125］Carlsson-Kanyama A, Lindén A L. Travel patterns and environmental effects now and in the future: Implications of differences in energy consumption among socio-economic groups[J]. Ecological Economics, 1999, 30(3): 405-417.

［126］Cole M A, Rayner A J, Bates J M. The environmental Kuznets curve: an empirical analysis[J]. Environmental and Development Economics, 1999, 30(3): 401-416.

［127］Cole M A. US environmental load displacement: examining consumption, regulations and the role of NAFTA[J]. Ecological Economics, 2004, 48(4): 439-450.

［128］Coondoo D, Dinda S. Causality between income and emission: A country group specific economic analysis[J]. Ecological Economics, 2002, 40(3): 351-367.

［129］Destek M A, Shahbaz M, Okumus I, et al. The relationship between economic growth and carbon emissions in G-7 countries: evidence from time-varying parameters with a long history[J]. Environmental Science and Pollution Research International, 2020, 27(23): 29100-29117.

［130］Dinda S, Coondoo D. Income and emission: A panel- data based co-integration analysis[J]. Ecological Economics, 2006 (57): 167-181.

［131］Du L, Wei C, Cai S. Economic development and carbon dioxide emissions in China: provincial panel data analysis[J]. China Economic Review, 2012, 23(2) : 371-384.

［132］Dubois G, Ceron J P. Tourism/leisure greenhouse gas emissions forecasts for 2050: Factors for change in France[J] . Journal of Sustainable Tourism, 2006, 14(2): 172-191.

［133］Ehigiamusoe K U. Effects of energy consumption, economic growth and financial development on carbon emissions: Evidence from heterogeneous income groups[J]. Environmental ence and Pollution Research, 2019, 26(22):1-14.

［134］Esteve V, Tamarit C. Threshold cointegration and nonlinear adjustment between CO_2 and income: The environmental Kuznets curve in Spain, 1857— 2007[J]. Energy Economics, 2012, 34(6): 2148-2156.

［135］Fong W K, Matsumoto H, Lun Y F. Application of system dynamics model as decision making tool in urban planning process toward stabilizing carbon dioxide emissions from cities[J]. Building and Environment, 2009(44): 1528-1537.

［136］Freitas L, Kaneko S. Decomposing the decoupling of CO_2 emissions and economic growth in Brazil[J]. Ecological Economics, 2011, 70(8): 1459-1469.

［137］Friedl B, Getzner M. Determinants of CO_2 emissions in a small open economy[J]. Ecological Economics, 2003, 45(1): 133-148.

［138］Galeotti M, Lanza A, Pauli F. Reassessing the environmental Kuznets curve for CO_2 emission: A robustness exercise[J]. Ecological Economics, 2006(57): 152-163.

[139] Galeotti M, Lanza A. Richer and cleaner? A study on carbon dioxide emissions in developing countries[J]. Energy Policy, 1999(27): 565-573.

[140] Galletto P. Economic growth and atmospheric pollution in Spain: discussing the environmental Kuznets curve hypothesis[J]. Ecological Economics, 2001(39): 85-99.

[141] Ganda F. Carbon emissions, diverse energy usage and economic growth in South Africa: Investigating existence of the Environmental Kuznets Curve (EKC) [J]. Environmental progress, 2019, 38(1): 30-46.

[142] Göessling S, Peeters P. 'It does not harm the environment!' An analysis of industry discourses on tourism, air travel and the environment[J]. Journal of Sustainable Tourism, 2007, 15(4): 402-417.

[143] Gössling S, Broderick J, Upham P, et al. Voluntary carbon offsetting schemes for aviation: Efficiency, credibility and sustainable tourism[J]. Journal of Sustainable Tourism, 2007, 15(3): 223-248.

[144] Gössling S, Buckley R. Carbon labels in tourism: Persuasive communication?[J]. Journal of Cleaner Production, 2016 (111): 358-369.

[145] Gössling S, Garrod B, Aall C, et al. Food management in tourism: Reducing tourism's carbon 'foodprint' [J]. Tourism Management, 2010, 32(3): 534-543.

[146] Gössling S, Peeters P, Ceron J P, et al. The eco-efficiency of tourism[J]. Ecological Economics, 2005, 54(4): 417-434.

[147] Gössling S. Carbon neutral destinations: A conceptual analysis[J]. Journal of Sustainable Tourism, 2009, 17(1): 17-37.

[148] Gössling S. Global environmental consequences of tourism[J]. Global Environmental Change, 2002, 12(4): 283-302.

[149] Gössling S. Sustainable tourism development in developing countries: Some aspects of energy-use[J]. Journal of Sustainable Tourism, 2000, 8(5): 410-

425.

［150］Gössling S. The consequences of tourism for sustainable water use on a tropical island: Zanzibar, Tanzania[J]. Journal of Environmental Management, 2001, 61(2): 179−191.

［151］Gray D, Anable J, Illingworth L, et al. Decoupling the link between economic growth, transport growth and carbon emissions in Scotland[R/OL]. 2006: 3−48.

［152］Grossman G. Pollution and growth: What Do We Know? [M]. Cambridge: Press Syndicate of the University of Cambridge, 1995.

［153］Grossman G M, Krueger A B. Environmental impacts of the North American free trade agreement [Z]. NBER Working Paper, 1991: 3914.

［154］Hall C M, Sharples L. Food and wine festivals and events around the world[J]. Test, 2008, 16(1): 33−36.

［155］Hansen B E. Threshold effects in non−dynamic panels: Estimation, testing, and inference[J]. Journal of Econometrics, 1999, 93(2): 345−368.

［156］Heil M T, Selden T M. Carbon emissions and economic development: Future trajectories based on historical experience[J]. Environment and Development Economics, 2001, 6(1): 63−83.

［157］Hergesell A, Dickinger A. Environmentally friendly holiday transport mode choices among students: The role of price, time and convenience[J]. Journal of Sustainable Tourism, 2013, 21(4): 596−613.

［158］Hjalanger A M, Richards G. Tourism and Gastronomy[M]. Abingdon: Routledge, 2002.

［159］Holtz−Eakin D, Selden T M. Stoking the fires? CO_2 emissions and economic growth[J]. Journal of Public Economics, 1995, 57(1): 85−101.

［160］Howitt O J A, Revol V G N, Smith I J, et al. Carbon emissions from international cruise ship passengers' travel to and from New Zealand[J]. Energy Policy, 2010, 38(5): 2552−2560.

［161］Jean Engo. Decoupling of greenhouse gas emissions from economic growth in Cameroon[J]. Resources and Environmental Economics, 2019(1): 16−28.

［162］Jie H, Patrick R. Environmental Kuznets Curve for CO_2 in Canada[J]. Ecological Economics, 2010, 69(5): 1083−1093.

［163］Kanyama C A, Lindén A L. Travel patterns and environmental effects now and in the future: Implications of differences in energy consumption among socio−economic groups[J]. Ecological Economics, 1999, 30(3): 405−417.

［164］Kuo N W, Chen P H. Quantifying energy use, carbon dioxide emission, and other environmental loads from island tourism based on a life cycle assessment approach[J]. Journal of Cleaner Production, 2009, 17(15):1324−1330.

［165］Lai J H K, Yik F W H, Man C S. Carbon audit: a literature review and an empirical study on a hotel[J]. Facilities, 2012(30): 417−431.

［166］Lai J H K. Carbon footprints of hotels: Analysis of three archetypes in Hong Kong[J]. Sustainable Cities & Society, 2015, 14(1): 334−341.

［167］Lantz V, Feng Q. Assessing income, population, and technology impacts on CO_2 emissions in Canada, where's the EKC?[J]. Ecological Economics, 2006(57): 229−238.

［168］Lean H H, Smyth R. CO_2 emissions, electricity consumption and output in ASEAN[J]. Applied Energy, 2010, 87(8): 1858−1864.

［169］Lee J W, Brahmasrene T. Investigating the influence of tourism on economic growth and carbon emissions: Evidence from panel analysis of the European Union[J]. Tourism Management, 2013(38): 69−76.

［170］Lenzen M. Total requirements of energy and greenhouse gases for Australian transport[J]. Transportation Research, 1999, 4(4): 265−290.

［171］Li Y, Zhang L. Ecological efficiency management of tourism scenic spots based on carbon footprint analysis[J]. International Journal of Low−Carbon Technologies, 2020.

［172］Lin T P. Carbon dioxide emissions from transport in Taiwan's national parks[J]. Tourism Management, 2010, 31(2): 285−290.

［173］Liu G. A causality analysis on GDP and air emissions in Norway[J].

Discussion Papers, 2006(16):11-18.

［174］Liu J, Feng T, Yang X. The energy requirements and carbon dioxide emissions of tourism industry of Western China: A case of Chengdu city[J]. Renewable & Sustainable Energy Reviews, 2011, 15(6): 2887-2894.

［175］Longhofer W, Jorgenson A. Decoupling reconsidered: Does world society integration influence the relationship between the environment and economic development?[J]. Socialence Research, 2017:17.

［176］Lu I J, Lin Sue J, Lewis C. Decomposition and decoupling effects of carbon dioxide emission from highway transportation in Taiwan, Germany, Japan and South Korea[J]. Energy Policy, 2007, 35(6): 3226-3235.

［177］Ma M, Cai W. Do commercial building sector-derived carbon emissions decouple from the economic growth in Tertiary Industry? A case study of four municipalities in China[J]. Science of The Total Environment, 2018(650): 822-834.

［178］Martinez-Zarzoso I, Bengochea-Morancho A. Pooled mean group estimation for an environmental Kuznets curve for CO_2 [J]. Economic Letters, 2004(82): 121-126.

［179］Mayor K, Tol R S J. Scenarios of carbon dioxide emissions from aviation[J]. Global Environmental Change, 2010, 20(1): 65-73.

［180］Mayor K, Tol R S J. The impact of the UK aviation tax on carbon dioxide emissions and visitor numbers[J]. Transport Policy, 2007, 14(6): 507-513.

［181］Meng W, Xu L, Hu B, et al. Quantifying direct and indirect carbon dioxide emissions of the Chinese tourism industry[J]. Journal of Cleaner Production, 2016(126): 586-594.

［182］Mir G U, Storm S. Carbon emissions and economic growth: Production-based versus consumption-based evidence on decoupling[J]. Working Papers Series, 2016.

［183］Moomaw W R, Unruh G C. Are environmental kuznets curve misleading US? The case of CO_2 emissions, special issue on environmental kuznets curves [J]. Environmental and Development Economics, 1997(2):451-463.

［184］Nasir M, Rehman F. Environmental kuznets curve for carbon emissions in Pakistan: An empirical investigation[J]. Energy Policy, 2011, 39(3): 1857-1864.

［185］Ning Y, Zhang B, Ding T, et al. Analysis of regional decoupling relationship between energy-related CO_2 emission and economic growth in China[J]. Natural Hazards, 2017, 87(2):867-883.

［186］OECD. Indicators to measure decoupling of environmental pressure from economic growth[J/OL]. http://www.olis.oecd.org/olis/2002doc.nsf/LinkTo/sg-sd, 2002.

［187］Panayotou T, Sachs J, Peterson A. Developing countries and the control of climate change:A theoretical perspective and policy implications[J]. CAER II Discussion Paper, 1999.

［188］Paramati S R, Alam M S, Chen C F. The effects of tourism on economic growth and CO_2 emissions: a comparison between developed and developing economies [J]. Journal of Travel Research, 2017, 56(6):712-724.

［189］Peeters P, Dubois G. Tourism travel under climate change mitigation constraints[J]. Journal of Transport Geography, 2010, 18(3):447-457.

［190］Peeters P, Schouten F. Reducing the ecological footprint of inbound tourism and transport to amsterdam[J]. Journal of Sustainable Tourism,2006,14(2):157-171.

［191］Peeters P. Climate change, leisure-related tourism and global transport[M]. Clevedon: Channel View Publication, 2005: 247-259.

［192］Penner J, Lister D, Griggs D, et al. Aviation and the global atmosphere, a special report of IPCC working groups Iand III in collaboration with the scientific assessment panel to the montreal protocol on substances that deplete the ozone layer[M]. UK, Cambridge University Press,1999.

［193］Perch-Nielsen S , Sesartic A , Stucki M . The greenhouse gas intensity of the tourism sector: The case of Switzerland[J]. Environmental Science & Policy, 2010, 13(2):131-140.

［194］Petrovi-Ran' Elovi M, Miti P, Zdravkovi A, et al. Economic growth and carbon emissions: evidence from CIVETS countries[J]. Applied Economics, 2020(52).

[195] Pu W U, Peihua S. An estimation of energy consumption and CO_2 emissions in tourism sector of China[J]. Journal of Geographical ences, 2011, 21(4):733-745.

[196] Ram Y, Nawijn J, Peeters P M. Happiness and limits to sustainable tourism mobility: a new conceptual model[J]. Journal of Sustainable Tourism, 2013, 21(7):1017-1035.

[197] Robaina-Alves M, Moutinho V, Costa R. Change in energy-related CO_2 (carbon dioxide) emissions in portuguese tourism: a decomposition analysis from 2000 to 2008[J]. Journal of Cleaner Production, 2016(11):520-528.

[198] Romualdas Juknys. Transition period in lithuania-do we move to sustainability? [J]. Environmental Research, Engineering and Management, 2003, 4(26): 4-9.

[199] Sajal Ghosh. Examining carbon emissions economic growth nexus for India: A multivariate co-integration approach[J]. Energy Policy, 2010 (38): 3008-3014.

[200] Schafer A, Victor D G. Global passenger travel: implications for carbon dioxide emissions[J]. Energy, 1999, 24(8):657-679.

[201] Sengupta E. CO_2 emission-income relationship: Policy approach for climate control[J]. Pacific and Asian Journal of Energy, 1997, 7(2):207-229.

[202] Shafik N, Bandyopadhyay S. Economic growth and environmental quality: time series and cross-country evidence[J]. World Development Report Working Paper , 1992.

[203] Simmons C, Lewis K. Take only memories leave nothing but footprints. An ecological footprint analysis of two package holidays [M]. Oxford: Best Foot Forward Limited, 2001.

[204] Smith I J, Rodger C J. Carbon emission offsets for aviation-generated emissions due to international travel to and from New Zealand[J]. Energy Policy,

2009, 37(9):3438-3447.

［205］Soytas U, Sari R. Energy consumption, economic growth, and carbon emissions: Challenges faced by an EU candidate member[J]. Ecological Economics, 2009, 68(6):1667-1675.

［206］Tamirisa N T, Loke W K, Leung P S, et al. Energy and tourism in Hawaii[J]. Annals of Tourism Research, 1997, 24(2): 390-401.

［207］Tang C, Zhong L, Ng P. Factors that influence the tourism industry's carbon emissions: a tourism area life cycle model perspective[J]. Energy Policy, 2017 (109): 704-718.

［208］Tapio P. Towards a theory of decoupling: Degrees of decoupling in the EU and the case of road traffic in finland between 1970 and 2001 [J]. Journal of Transport Policy, 2005 (12): 137-151.

［209］Tomas, et al. Rural tourism development in Lithuania (2003—2010)—A quantitative analysis[J]. Tourism Management Perspectives, 2012, 1(2):1-6.

［210］Tiwari A, Shahbaz M, Hye A. The environmental kuznets curve and the role of coal consumption in India: Cointegration and causality analysis in an open economy [J]. Renewable and Sustainable Energy Reviews, 2013, 18(2): 519-527.

［211］Tol R S J. The impact of a carbon tax on international tourism [J]. Transportation Research Part D, 2007, 12(2):129-142.

［212］Günel. Relationship between CO_2 emission and economic growth in turkic countries: A panel causality analysis[J]. Sosyoekonomi Journal, 2019, 27(40).

［213］UK Centre for Economic and Environmental Development. A life-cycle analysis of a holiday destination: Seychelles [R]. British Ai ways Environment Report, UK CEED, 1994.

［214］UNWTO, UNEP, WMO. Climate change and tourism: Responding to global challenges [R]. Paris & Madrid: UNWTO & UNEP, 2008.

［215］UNWTO. Climate change and tourism. Proceedings of the 1st international conference on climate change and tourism, 2003.

［216］Viachaslau Filimonau, Janet Dickinson, Derek Robbins, Mark A J.

Huijbregts, reviewing the carbon footprint analysis of hotels: Life Cycle Energy Analysis (LCEA) as a holistic method for carbon impact appraisal of tourist accommodation[J]. Journal of Cleaner Production, 2011, 19(17−18):1917−1930.

［217］Winter C. Tourism and climate change: Risks and opportunities[J]. Annals of Tourism Research, 2008, 35(2): 614−616.

［218］World Tourism Organization. Compendium of tourism statistics 1994—1998 [M]. Madrid: Bernan Press, 2000.

［219］World Trade Organization. International trade statistics 2006[M]. Switzerland, Geneva: World Trade Organization, 2007.

［220］World Travel & Tourism Council, World Tourism Organization, Earth Council.Agenda 21 for the travel & tourism industry: towards environmentally sustainable development, 1996.

［221］WTM. Why the ministers' summit 2007 is crucial to the industry[R]. The UNWTO Ministers Summit on Tourism and Climate Change, 2007.

［222］Xue F. A research on the relationship between carbon footprint of tourism traffic and tourism economic growth[J]. Journal of Environmental Management College of China, 2019.

［223］York R, EA Rosa, Dietz T. STIRPAT, IPAT and IMPACT: Analytic tools for unpacking the driving forces of environmental impacts[J]. Ecological Economics, 2003, 46(3):351−365.

［224］Zhang L, Pang J, Chen X, et al. Carbon emissions, energy consumption and economic growth: Evidence from the agricultural sector of China's main grain-producing areas[J]. Science of the Total Environment, 2019, 665(15): 1017−1025.

［225］Zhou X, Zhang M, Zhou M, et al. A comparative study on decoupling relationship and influence factors between China's regional economic development and industrial energy−related carbon emissions[J]. Journal of Cleaner Production, 2016(142): 783−800.

项目策划：段向民
责任编辑：张芸艳
责任印制：冯冬青
封面设计：武爱听

图书在版编目（CIP）数据

中国旅游碳排放与旅游经济发展研究 / 何彪著. --

北京 ： 中国旅游出版社，2023.9

　　ISBN 978-7-5032-7210-3

　　Ⅰ．①中… Ⅱ．①何… Ⅲ．①旅游业发展－研究－中
国　Ⅳ．①F592.3

中国国家版本馆CIP数据核字(2023)第172229号

书　　　名：中国旅游碳排放与旅游经济发展研究

作　　者：何　彪
出版发行：中国旅游出版社
　　　　　（北京静安东里6号　邮编：100028）
　　　　　http://www.cttp.net.cn　E-mail:cttp@mct.gov.cn
　　　　　营销中心电话：010-57377103，010-57377106
　　　　　读者服务部电话：010-57377107
排　　版：北京旅教文化传播有限公司
经　　销：全国各地新华书店
印　　刷：三河市灵山芝兰印刷有限公司
版　　次：2023 年 9 月第 1 版　2023 年 9 月第 1 次印刷
开　　本：720 毫米 ×970 毫米　1/16
印　　张：10.25
字　　数：160 千
定　　价：59.80 元
ＩＳＢＮ　978-7-5032-7210-3